WETENSWAARDIGHEDEN
RONDOM HET
WETTTELIJK BURGERLIJK HUWELIJK
Deel 1

BIJZONDERHEDEN EN FEITEN OMTRENT HET
WETTELIJK BURGERLIJK HUWELIJK
TEN BEHOEVE VAN DE
(BUITENGEWOON) AMBTENAAR VAN DE
BURGERLIJKE STAND

SAMENSTELLER

PETER JOH. M. ZUIDWEG

Buitengewoon Ambtenaar van de Burgerlijke Stand

DIT BOEK DRAAG IK OP AAN ALLEN DIE HET
BEROEP VAN BUITENGEWOON AMBTENAAR VAN
DE BURGERLIJKE STAND DE POSITIEVE INHOUD
GEVEN DIE HET VERDIENT

MET DANK AAN ALLEN DIE AAN DE TOT
STANDKOMING VAN DIT BOEK HEBBEN
MEEGEWERKT EN BIJGEDRAGEN

EEN WOORD VAN VOORAF

Het werk en de taak van een Buitengewoon Ambtenaar van de Burgerlijke Stand in welke gemeente, op welke plaats en op welke manier heeft als enig doel bruidsparen geluk en vertrouwen te bieden.

Zij die in dit beroep werkzaam zijn dragen dan ook een steentje bij, niet alleen maatschappelijk, maar ook in sociaal opzicht.

Dat voor een Buitengewoon Ambtenaar van de Burgerlijle Stand een juiste instelling noodzakelijk is zal voor iedereen wel duidelijk zijn.

Men zal alleen kunnen slagen wanneer hij of zij beschikt over de daarvoor noodzakelijke kennis en eigenschappen.

Wat de algemene kennis betreft is het in de meeste gevallen een kwestie van scholing en ervaring en wat de persoonlijke eigenschappen betreft zullen die afhangen van een natuurlijke aanleg en instelling.

Alleen zij die in staat zijn op de juiste wijze het werk van een Buitengewoon Ambtenaar van de Burgerlijke Stand aan te voelen kunnen in dit zo moeilijke, maar interessante beroep slagen.

Mijn naam is Peter Joh. M. Zuidweg. Ik ben geboren in 1940 in Haarlem en sinds 1963 wonende in Heemskerk. Sinds mei 1989 ben ik actief als Buitengewoon Ambtenaar van de Burgerlijke Stand in de gemeente Heemskerk.

Als Buitengewoon Ambtenaar van de Burgerlijke Stand neem ik uitgebreid de tijd. Wanneer het bruidspaar zelf wenst te bepalen hoe hun huwelijk wordt gesloten en zij verzekerd willen zijn van een prachtig, warm hoogtepunt van de dag, dan kan ik dat met veel liefde en enthousiasme doen. Het wettelijk burgerlijk huwelijk is bijzonder en dient aan te sluiten bij de wensen van zowel bruid als bruidegom. En zo probeer ik in een persoonlijk gesprek een juiste invulling te creëren. Intiem of juist grootschalig, in het gemeentehuis of op een bijzondere locatie, misschien met zang en muziek, een belangrijke rol voor kinderen en dierbaren of juist alleen maar het bruidspaar om wie het draait. Samen bepalen we de sfeer en inhoud van hun huwelijksceremonie, waarbij het romantische aspect zeker niet wordt vergeten.

Inhoudsopgave

Omschrijving hoofdstuk en Paginanummer

Inleiding

Toen ik op 14 Maart 1989 solliciteerde naar een parttime functie van Buitengewoon Ambtenaar van de Burgerlijke Stand in de gemeente Heemskerk, wist ik nog niet wat er precies boven mijn hoofd zou hangen. Ik had wel diverse wettelijke burgerlijke huwelijken meegemaakt en bijgewoond en uiteraard mijn eigen wettelijk burgerlijk huwelijk, maar ik had mij echter nooit verdiept in de werkzaamheden van de man of de vrouw áchter die trouwtafel.

De functie van Buitengewoon Ambtenaar van de Burgerlijke Stand leek mij als parttime job wel interessant, niet alleen vanwege het werk, maar ook voor de sociale contacten.

Op 30 Maart 1989 vond het sollicitatiegesprek plaats, wat uiteindelijk resulteerde in het toch moeten voltrekken van een zogenaamd 'proefhuwelijk' en wel op 26 april 1989.

Ik kreeg toen alle papieren betreffende de gegevens van het (nep)bruidspaar, de (nep)ouders, de (nep)getuigen en de (nep)genodigden en verder wat daaraan verwant was.

Ik moest mij dus voorbereiden op een (nep)huwelijk, dat als onderdeel gold voor mijn definitieve rol als Buitengewoon Ambtenaar van de Burgerlijke Stand in de gemeente Heemskerk.

Op 20 juni 1989 werd ik in het gebouw van de Arrondissementsrechtbank in Haarlem beëdigd als Buitengewoon Ambtenaar van de Burgerlijke Stand, uitsluitend belast met de taak tot het voltrekken van huwelijken in de gemeente Heemskerk. Alvorens serieus met deze taak te beginnen heb ik mij vooraleerst bezig gehouden met de artikelen uit het Burgerlijk Wetboek, betreffende het wettelijk burgerlijk huwelijk.

Vervolgens heb ik diverse huwelijksvoltrekkingen van de collega's in de gemeente gevolgd en heb ik mijn oor te luisteren gelegd en mijn ogen de kost gegeven bij huwelijksvoltrekkingen in Amsterdam, Haarlem, Alkmaar en enkele kleinere gemeenten in Noord-Holland.

Zo proefde ik de diverse sferen op de verschillende gemeentehuizen en kon ik alle handelingen en toespraken in de diverse trouwzalen meemaken. Sommigen waren goed tot indrukwekkend, in andere gevallen ervaarde ik een soort automatisme, waarin geen enkel gevoel lag, zaken die niet voorbereid waren, zodat fouten onvermijdelijk waren.

In dié voorbereiding tot de werkelijke praktijkuitvoering miste ik echter goede literatuur omtrent het gehele gebeuren rondom het wettelijk burgerlijk huwelijk.

Ik had wel wat stencils gekregen met wat voorbeelden, maar die bleken toch niet toereikend voor wat ik weten wilde.

Daarom ben ik dan ook overgegaan tot het schrijven en samenstellen van dit boek, maar niet voordat ik een vijftigtal huwelijken had afgesloten. Ik moest toch aan de lijve ondervinden wat het betekende om als Buitengewoon Ambtenaar van de Burgerlijke Stand op te treden.

Ik heb dan ook zoveel mogelijk getracht diverse zaken, de wetgeving, de toespraken en de huwelijksvoltrekking er in op te nemen en ik stel mij dan ook voor dat dit boek als handleiding, maar ook als handreiking zou kunnen dienen voor andere (Buitengewoon) Ambtenaren van de Burgerlijke Stand, maar ook voor hen die geïnteresseerd zijn in dit werk.

Ik hoop dan ook dat ik mijn poging daartoe ben geslaagd. Ik weet dat het voor iedere Ambtenaar, om zo eenvoudig mogelijk het verwoorden van wetten en zijn handelingen, zeer moeilijk is. Praktijk is nu eenmaal niet te leren langs schriftelijke wegen, maar het kan wel ondersteunend wor-

den door raadplegingen en voorbeelden. Laten we vooral niet vergeten dat ondervinding de beste leermeester is.
Ik weet ook dat er nog vele andere dan de aangegeven
manieren zijn waarop een (Buitengewoon) Ambtenaar van
de Burgerlijke Stand zijn of haar werk kan doen en er
zullen beslist leemten in de stof zijn en dus houd ik mij
aanbevolen voor aan- en opmerkingen.

1. Samenwonen of Samenleven

Een samenlevingscontract

Als iemand trouwt, treden er ook verschillende wettelijke
regels, zoals in 'Gemeenschap van Goederen' of 'Huwelijkse Voorwaarden', in werking. Zo bestaat er bij een
echtscheiding een wettelijke alimentatieplicht, is een ge-
trouwde vrouw automatisch de erfgename van haar man
en krijgt een vrouw door haar huwelijk eveneens recht op
weduwepensioen.

**(zie verandering van 1 januari 2018 : 'Beperkte Gemeen-
schap van Goederen' op pagina 65)**

Voor ongehuwd samenwonenden gelden dergelijke regels niet. Een huur- of koophuis kan bijvoorbeeld bij ongehuwd samenwonen tot vervelende situaties leiden wan-
wanneer aan de relatie een einde komt.

Willen partners toch iets regelen, dan kan dat met een
zogenaamd 'samenlevingscontract'. Dit is een overeen-
komst waarin twee ongehuwd samenwonenden belang-

rijke zaken kunnen vastleggen, zoals : de verdeling van de woonlasten en het huishoudgeld, de verzorging en op- voeding van de kinderen, het scheiden van boedel als de relatie tot een eind mocht komen en het eventueel betalen van alimentatie aan de partner, de regeling van huur of hypotheek en dergelijke.

Het is verstandig om bij het opstellen van een 'samen- levingscontract' (zie ook : hoofdstuk 10) ook de hulp in te roepen van een notaris. Een samenlevingscontract schiet wel tekort als het gaat om het verdelen van de nalaten- schap na overlijden, de voogdij over eventuele kinderen. Daarom is het aan te raden om dan ook een testament te laten maken.

2. De verloving

Etiquette bij een verloving

Verloven is niets anders dan tegen elkaar zeggen dat je met elkaar wilt trouwen. En hoe lang je dat voor de werkelijke huwelijksvoltrekking doet, mag je dus geheel zelf weten. Waar wel een bepaalde periode voor staat is de 'ondertrouw'. 'Ondertrouw' betekent dat je officieel bij de gemeente het voornemen vastlegt om te trouwen. Dit moet minimaal twee weken en maximaal een jaar voor de huwelijksvoltrekking gebeuren.

De verloving is oorspronkelijk bedoeld om publiekelijk kenbaar te maken dat je van plan bent om te gaan trouwen en vaak gaat dit dan ook gepaard met het geven van een verlovingsring.

Hoewel het echte 'zich verloven' in onze huidige tijd verloren dreigt te gaan, wil ik toch aan dit onderdeel extra aandacht besteden.

De verlovingsringen

Als jonge mensen zich gaan verloven, hebben zij vanzelfsprekend uitvoerig besproken hoe zij hun verloving zullen vieren. Sommigen gaan na de receptie samen met de familieleden, vrienden en kennissen gezellig borrelen en feestelijk dineren. Anderen voelen meer voor een verloving in stilte, onder een exquis etentje bij kaarslicht en schenken zij elkaar verlovingsringen en mijmeren romantisch over het wonder van hun liefde. Weer anderen recipiëren tij-

13

dens een fuif die zij geven op hun verlovingsdag of onmiddellijk vóór of ná hun verloving.

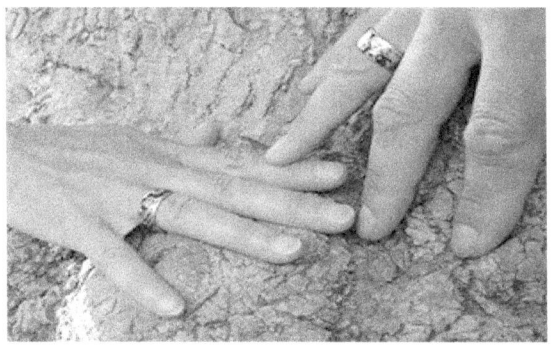

Enfin, er zijn voldoende mogelijkheden. Hoewel de jonge
mensen van tegenwoordig niet volgens de geijkte patro-
nen willen leven, willen zij zich bij officiële gelegenheden
zich graag houden aan de gebruikelijke regels. Omdat er
nog velen zijn die niet weten hoe ze het een en ander
moeten regelen en aankondigen wil ik een aantal etiquet-
teregels hen niet onthouden.

De verlovingskaarten

Twee kaartjes

Een gebruikelijke vorm is het verzenden van twee visitekaartjes in één envelopje. Op het kaartje van het meisje komen haar naam, de datum van de eventuele receptie en haar adres. Op het kaartje van de jongen worden alleen zijn naam en adres vermeld.

Een enkel kaartje

Bij het opstellen van de 'gebruikelijke' of eigen tekst staat dan de naam van het meisje boven die van de jongen. Duidelijk dient vermeld te worden waar men recipieert en men mag niet vergeten de datum van de verloving, de verzending en beider adressen aan te geven.

Een dubbelgevouwen kaart

Op de linkerzijde komen de namen, de datum van verzending en beider adressen. De naam van het meisje staat bovenaan. De rechterhelft is bestemd voor de aankondiging van de verloving met de vermelding waar men recipieert

Papier, letter en grafische vormgeving

Men stelt zich tijdig in verbinding met de eventuele drukkerij, zodat men op gemak het modellenboek kunt bestuderen voor het uitkiezen van papier, lettertype en typografische vormgeving. Als men van te voren kan berekenen aan wie de verlovingskaartjes gestuurd moeten worden, is het bepalen van de oplage niet al te moeilijk.

Het versturen van de verlovingskaartjes

Het is het beste de kaartjes twee tot drie weken voor de verloving te verzenden. Als men visitekaartjes gebruikt, verstuurt men de twee kaartjes in één envelop op de dag van de verloving. Het kaartje van het meisje ligt bovenop of haar naam staat boven die van de jongen.

DE RECEPTIE

Officiële ontvangst

Door het versturen van de verlovingskaarten heeft men de familie, vrienden en kennissen bericht dat men ter gelegenheid van de feestelijke gebeurtenis een receptie wilt houden. Men dient er rekening mee te houden dat degenen aan wie men een kaart gezonden heeft, niet verplicht zijn naar die receptie te komen, de gedrukte aankondiging houdt geen uitnodiging voor de receptie in, doch betekent dat men van harte welkom is, nameijk op de officiële ontvangst.

Gelegenheidskleding

Bij het houden en bezoeken van officiële ontvangsten is het dan ook het dragen van gelegenheidskleding ten zeerste gewenst.

Dames, die een middagreceptie bezoeken, dragen een gedistingeerd toilet en op een receptie in de avonduren een eventueel avondtoilet. De jassen geven zij af, doch de eventuele hoed houden zij op, terwijl zij hun tasje bij zich houden. De handschoenen worden alleen uitgedaan bij het gebruik van o. a. eten en gebak.

Dames die buitenshuis recipiëren, mogen een hoed dragen, doch dit hoeft echter niet. De handschoenen doen zij niet aan, doch hun tasje houden ze bij zich.

Dames die thuis recipiëren, dragen geen hoed en geen handschoenen. Het tasje houden ze wel bij zich.

Heren dragen op een middagreceptie een jacquetkostuum en op een avondreceptie een rokkostuum. In vele gevallen wordt tegenwoordig in onze moderne tijd aangegeven in welke kleding de gasten worden verwacht.

Een receptie buitenshuis

Als men buitenshuis wilt recipiëren, zoek dan bijtijds een niet al te grote ontvangstgelegenheid, waar men dan een 'staande' receptie kunt houden. Een 'staande' ontvangst is aangenamer dan een zittende, omdat de gasten zich gemakelijker verplaatsen en dus prettiger met elkaar kunnen converseren.

Daar de gasten mogen 'verdwijnen' zonder afscheid te nemen, hoeft men niet zoveel handen te schudden, hetgeen dus niet zo vermoeiend is.

Een staande receptie verloopt ook vlotter dan een zittende ontvangst, want gasten die 'zitten' blijven ook langer 'plakken'.

Hoewel er voldoende ruimte moet zijn om te staan of te lopen, mag men hier en daar gerust een stoel of een zitje plaatsen voor hen die slecht ter been zijn.

Vóórdat de receptie aanvangt, dient men er voor te zorgen dat geschenken en bloemen die vóór de receptie zijn bezorgd, zijn uitgepakt.

Het uitpakken van geschenken, die men tijdens de ontvangst krijgt aangeboden, moet men trachten te voorkomen, omdat dit zeer storend werkt, doch vergeet niet degenen die U thuis geschenken en bloemen liet bezorgen, te bedanken.

Hoewel het aanbieden van verfrissingen niet verplicht is, zullen gasten het zeer op prijs stellen, wanneer bedienend personeel port, sherry, vermouth, wijn, koffie, thee en frisdranken (voor de automobilisten), zoute koekjes, stukjes kaas, bitter- en borrelhapjes aanbieden.

De receptie thuis

Houdt men de receptie thuis, richt dan in een van de kamers een buffet aan waar de gasten kunnen halen wat zij wensen. Meestal zal men de ontvangen cadeaus en bloemen uitstallen en de kaartjes van de gevers legt men er bij.

Bedanken

Binnen vier weken behoort men degenen die bloemen, cadeaus en felicitatiekaarten hebben gestuurd, te bedanken met een kort hartelijk berichtje. Voor gelukstelegrammen en gelukwensen hoeft men niet te bedanken.

3. Het huwelijk

Samenwonen of een verloving is, dacht ik, in de eerste plaats al een afspraak maken om in het leven samen verder te gaan en het geldt als een eerste stap om aan de relatie te werken.

Maar een wettelijke trouwbelofte gaat een stapje verder, want het is een wettelijke stap met rechten én verplichtingen. Rechten én verplichtingen met vérstrekkende gevolgen die de Nederlands Wet aan echtgenoten oplegt en die rechtsvorderingen kunnen opleggen en bij verbreking of schending ervan grote financiële gevolgen kunnen hebben en daarnaast voor een juridische strijd, ellende, emoties, verlies, eenzaamheid, heel veel medicijnen en veel slapeloze nachten kunnen zorgen.

De bruidsdagen

In vele delen van ons land is het een leuke gewoonte, dat ná het bezoek aan de Burgerlijke Stand voor de 'huwelijksmelding' (= het zogenaamde 'aantekenen'), het ondertrouwde paar niet voor het invallen van de avond in het ouderlijke huis mag terugkeren. In de tijd dat zij gezellig een dagje uit zijn, versieren de huisgenoten het huis. Dikwijls worden dan de wederzijdse families uitgenodigd, alsook de eventuele bruidsjonkers en bruidsmeisjes. Na de 'melding' breken de 'bruidsdagen' aan.

En gedachtig het gezegde van de Griekse wijsgeer **Democritus**, dat het leven zonder feesten is als een lange weg zonder pleisterplaatsen, wordt er in deze dagen ten huize van de bruid of bruidegom een gezellig middagje, avondje, dineetje of iets dergelijks georganiseerd. Zijn er bruidsjonkers en –meisjes, zo mogen deze natuurlijk op geen enkele festiviteit ontbreken.

Bij deze feestelijkheden, die een beslist onofficieel karakter hebben, worden geen bijzondere eisen aan kleding gesteld. Integendeel ! Bij deze instuif - de naam zegt het al - wordt het dikwijls op prijs gesteld dat alle plichtplegingen wat de kleding betreft achterwege gelaten.

21

Democritus

Democritus van Abdera (460 v. Chr. – 356 v. Chr.) was een
Griekse filosoof, astronoom, wiskundige, schrijver en
reiziger. Hij wordt gerekend tot de presocraten en stond
bekend als de 'lachende filosoof'

De bruidsmeisjes

Inmiddels zijn natuurlijk de eventuele bruidsjonkers en /
of bruidsmeisjes al uitgezocht, ingelicht en uitgenodigd.
De bruidsmeisjes worden meestal gekozen uit de zusters
van bruid en bruidegom of anders uit de nichtjes of de
intieme vriendinnen van de bruid. Het aantal kan men
zelf bepalen, maar zelfs bij een plechtigheid in de meest
grootste stijl zijn er niet meer dan acht.
Bruidsmeisjes hebben, althans wanneer ze niet te jong zijn,
een ruimere taak dan vaak wordt gedacht. Zij helpen de
bruid met het versturen van de uitnodigingen en annon-

ceringen. Op de trouwdag zelf helpen zij de bruid bij het
kleden en bij het in- en uitstappen van de auto of rijtuig.

Wanneer de bruid in het stadhuis en/of in de kerk gaat
zitten, schikken zij de sleep van de bruidsjurk en de sluier.
Tijdens de plechtigheid nemen zij tijdelijk het bruidsboe-

ket van de bruid over. Op het feest helpen zij bij het aanbieden van de verversingen en één van hen heeft de zorg tijdens de receptie voor het gastenboek.

Na het feest zijn zij behulpzaam bij het schrijven van de dankbetuigingen, soms zelfs helpen zij bij de inrichting van de nieuwe woning.

De kleding van de bruidsmeisjes wordt gekozen in overleg met de bruid. Vaak zijn de verschillende bruidsmeisjes hetzelfde gekleed, wat inderdaad zeer charmant en stemmingsvol is. Nodig is het echter niet, er zijn zeer leuke combinaties denkbaar wanneer men daar eens over denkt.

Voor de boeketten en corsages van de bruidsmeisjes zorgt de bruidegom

Voor de bruidsmeisjesboeketten geldt hetzelfde als voor de kleding, namelijk dat enige variatie zeer zeker passend kan zijn. Hier merk ik nog op dat het meisje links achter de bruid loopt het boeket in de linkerhand houdt, het meisje dat rechts achter de bruid loopt het boeket in de rechterhand : De boeketten bevinden zich dus steeds aan de buitenzijde van de stoet.

De bruidsjonkers

De bruidsjonkers worden gekozen door de bruidegom en wel uit de familieleden van bruid en bruidegom of uit zijn intieme vrienden. Hun aantal kan gelijk zijn aan dat van de bruidsmeisjes. Ook de bruidsjonkers hebben meer te doen dan alleen maar in de stoet mee te lopen. Van hen wordt verwacht dat ze de toegewijde hulp zijn van de bruidegom, precies als de bruidsmeisjes dat moeten zijn van de bruid.

Het behoort dus onder andere tot hun taak om op de ochtend van de huwelijksdag de bruidegom af te halen voor diens tocht naar de woning van de bruid en voor de eventuele huwelijksreis mee te helpen bij de verzorging en het inpakken van de bagage.

Volwassen ruidsjonkers gaan gekleed in een jacquetkostuum met gestreepte pantalon. Zijn ze in de leeftijd van ca. 17 jaar, dan dragen ze een zwart colbertkostuum. Hele jonge bruidsjonkertjes dragen meestal een zogenaamd 'jonkerpakje'.

De bruid

Voor de bruid in het bijzonder is de huwelijksdag dé dag van haar leven. Op deze dag eindigt haar roman en begint haar geschiedenis. Op de bruid zijn deze dag alle ogen gericht. Haar taak is daarom ook niet eenvoudig. Vervuld van een onpeilbaar geluk, zal ze tevens dienen te zorgen om zichzelf op deze dag te 'geven', aan haar a.s. echtgenoot niet alleen, maar ook aan heel haar omgeving.

Van haar charmante vriendelijkheid tegenover iedereen hangt voor een groot deel het slagen van de bruiloftsdag af.

Het spreekt dus wel vanzelf dat de bruid zich op deze dag goed voorbereidt en dat lang tevoren alles geregeld moet zijn opdat de dag zelf zo rustig mogelijk verloopt.

De bruid besteedt natuurlijk haar uiterste zorg aan uiterlijk en toilet, maar een zware make-up dient zij te vermijden als het dragen van te veel sieraden. Over het algemeen geldt, dat de bruid lieftalliger wordt naarmate ze simpeler en eenvoudiger is.

Het bruidsboeket wordt door de bruidegom uitgezocht. Hij bepaalt de soorten bloemen en de kleur, ook al is het niet geoorloofd om hem - bijvoorbeeld via de familie van de bruid - een kleine hint te geven. Gezien de aard én de bedoeling van het bruidsboeket, zal het duidelijk zijn dat de samenstelling en kleur van het boeket voor de bruid een verrassing dient te blijven. Eerst op de ochtend van de huwelijksdag wordt haar het boeket door de bruidegom overhandigd.

Zeer belangrijk is de kleding van de bruid. Nog altijd is het ideaal van de meeste bruidjes de witte bruidsjapon, het symbool van reinheid, maagdelijkheid en smetteloosheid. Daarbij behoren dan witte handschoenen en witte schoenen. Wij zien dat bij een witte bruidsjapon een wit bruidsboeket prachtig staat, maar evengoed past ook een boeket met zachte pasteltinten. Bij een niet witte bruids- japon past ook een wit bruidsboeket, maar is een boeket van gekleurde bloemen vaak nog mooier, mits men let op de juiste com- binaties.

De bruid kan verder een keuze doen uit een lange of korte sleep. Soms wordt de keuze ook bepaald door het dragen van een korte of lange sluier. Bij de plechtigheid in de kerk kan de bruid haar sluier voor het gezicht dragen en na afloop weer naar achteren slaan.

Bij koud weer kan een stola goede diensten bewijzen. Een korte bontmantel of bontstola kan gedragen worden, wan- neer de bruid trouwt in een mantelpakje of korte geklede japon. Hoofdtooi is veelal een zogenaamde 'bloemendia- deem'. Daarvoor wordt dan een der kleinere bloemsoor- ten genomen die ook in het bruidsboeket zijn verwerkt.

De bruidegom

Voor de bruidegom dient de kleding van de bruid eigenlijk geheim te blijven, maar dit op zichzelf zeer juiste standpunt is toch om twee redenen nooit helemaal vol te houden. In de eerste plaats immers dient de bruidegom het bruidsboeket te kiezen, maar hij kan dit pas doen als hij tenminste iets weet van de kleding van de bruid, tenminste de kleur, omdat boeket én kleding dienen te harmoniëren en ik wil er nog wel even op wijzen, dat ook bij de meest eenvoudige bruidskleding een bruidsboeket hoort.

In de tweede plaats moet de bruidegom toch hierom iéts van de bruidskleding weten, omdat zijn eigen gekozen kleding enigszins daarmee in overeenstemming dient te zijn.

Wanneer de bruid eenvoudig gekleed is, bijvoorbeeld in en mantelpakje of geklede japon, kan de bruidegom niet in vol ornaat verschijnen.

Huwt de bruid echter in een lange of korte bruidsjapon, of deze wit is of gekleurd doet niet ter zake, dan is voor de bruidegom het jacquetkostuum met gestreepte pantalon de aangewezen kledij. Daarbij behoort dan een hoge hoed, een grijs vest, een grijze das, zwarte of grijze sokken en zwarte schoenen.

Bovendien behoort de bruidegom op zijn linkerrevers een zogenaamde **'boutonnière'** *) te dragen, bestaande uit een bloemsoort die ook in het bruidsboeket is verwerkt. Is de bruidegom in militaire dienst dan kan hij gekleed gaan in zijn buitenmodel uniform. Is hij officier dan draagt hij zijn groottenue. Wanneer in een (militair) uniform wordt getrouwd, dient de bruidegom echter **géén** 'boutonniére' te dragen.

Voorbeeld van een 'boutonnière'

*) Boutonnière =
Is een enkele bloem, tradioneel gedragen door mannen op het linkerrevers met het steeltje omlaag. Hij kan gezien worden als de mannelijke tegenhanger van de corsage.

Ook voor de verdere bruidsgarnituur zorgt de bruidegom, alsook voor de boeketjes voor de bruidsmeisjes en de corsages voor familieleden, getuigen en genodigden.
Wanneer de bruidegom de bruid bij haar huis afhaalt, overhandigt hij haar het bruidsboeket en schenkt de bruidsmeisjes hun boeketje.
Geldt de plechtigheid een Rooms-Katholiek kerkelijk huwelijk dan is er tevens een **Mariaboeket** nodig, tenzij er door het bruidspaar besloten is dat het bruidsboeket tevens een Mariaboeket zal zijn.

Voorbeeld van een Mariaboeket

Het huwelijk van Prins William van Engeland met
Catherine (Kate) Middleton op 29 april 2011 in de
Westminster Abbey in Londen
Prins William trouwt in 'groot militair kostuum'

Het bruidsboeket

Bloemen én kinderen zijn het enige wat ons nog uit het paradijs is overgebleven. Het mooiste wat daarom een bruidegom aan zijn bruid geven kan is : zichzelf en bovendien bloemen. Het meest edele en het meest pure dat de onbezielde wereld kan aanwijzen - de bloemen - gaat de bruidegom schenken aan de vrouw die hij als meest edele en pure onder alle vrouwen heeft uitverkoren.

Het overreiken van het bruidsboeket is daarom dan ook een zeer zinvolle handeling. In het bruidsboeket legt de man heel zijn liefde, zijn achting, zijn genegenheid en zijn tederheid voor de vrouw. Het bruidsboeket symboliseert het beeld dat hij zich van zijn vrouw heeft gevormd, ze drukken zijn ideaal uit, zijn hoop en zijn verwachting. En de bruid draagt het bruidsboeket met haar mee, het behoort in de beangrijkste en mooiste uren van haar leven bij háár, het herinnert haar aan de taak en de opdracht die ze

ontving aan de verwachting die háár man van haar heeft :
het meest pure en edele te zijn, maar ook te blijven.

Wie over dit alles even na wil denken, zal begrijpen dat
het bruidsboeket op de huwelijksdag niet zo maar een
aardigheidje is, een attentie, een feestelijk gebaar, maar dat
het een meer diepere betekenis heeft voor beide partijen
én voor de buitenwereld. Het huwelijkspaar, dat de betekenis hiervan begrijpt, zal daarom de grootste zorg aan de
vormgeving, de samenstelling en de kleur van het bruidsboeket willen besteden.

De bruidegom, die de feestelijkheid van deze dag aan-
voelt, zal dan ook nooit willen volstaan met zijn bruid 'zo
maar iets' aan te bieden.

Welk bruidsboeket ?

Voor een in het wit geklede bruid is een wit bruidsboeket het meest gebruikelijk. Het wit symboliseert de smetteloosheid, reinheid, zuiverheid, maagdelijkheid en de onschuld. Omdat wit bovendien geen eigenlijke kleur is, past het bij elke andere kleur. Een wit bruidsboeket kan men dus ook nemen bij niet-witte bruidskleding.

Een wit bruidsboeket is dus altijd mooi en neutraal, maar toch zou men eens moeten overwegen of kleuren als zachtgeel, lila, roze of licht-oranje niet méér bij de bruid passen. Men zal dan eerst dienen te weten, welke bruidskleding de bruid zal dragen, omdat natuurlijk niet elke kleur harmonieert met elke kleur van de kleding.

De bruidsmeisjesboeketjes

Indien er bruidsmeisjes zijn, is het geenszins noodzakelijk de bruidsmeisjesboeketjes in dezelfde kleur te nemen als het bruidsboeket. Ofschoon ook hiervoor de witte kleur dikwijls geprefereerd wordt - en beslist altijd prachtig is - is het nemen van een gekleurd bruidsmeisjesboeket zeer zeker het overwegen waard. Heel leuk is het als de meisjes eenzelfde boeketje dragen. Toch geldt ook hiervoor hetzelfde als voor de kleding van de bruidsmeisjes: enige variatie, waarbij men een zekere eenheid van lijn weet te handhaven, kan ook bijzonder fraai zijn.

Voor jongere bruidsmeisjes (tot 10 jaar) kan men in het bijzonder een ronde Biedermeiervorm aanbevelen. Naast wit of een bepaalde kleur zijn deze boeketten ook in de gemengde kleuren bijzonder mooi.

De corsages

Corsages zijn uitsluitend voor de dames bestemd. Zij worden met het steeltje omhoog iets schuin op de linkerbovenzijde van de japon of de linkerrevers van de mantel bevestigd. De corsages kunnen wit of gekleurd zijn al naar gelang weer naar de kleding van de bruid.

Ouders, getuigen, familieleden en genodigden

Deze dienen zich voor wat hun kleding betreft aan te passen aan de kleding van bruid en bruidegom. Indien de
bruid eenvoudig gekleed is, dient hun kleding dus daarmee in overeenstemming te zijn. Het is dus wel zaak, dat
getuigen, familieleden en genodigden tijdig naar de kleding van de bruid informeren.

Vanzelfsprekend dient dit tactvol en zo onnadrukkelijk
mogelijk te gebeuren en dient de beslissing van de bruid
zonder kritiek of commentaar te worden geaccepteerd.

Uitdrukkelijk merk ik nog op, dat zelfs bij de meest eenvoudige kledij het dragen van een corsage dan wel een
'boutonniére' niet alleen volkomen op zijn plaats, maar
zelfs zeer gewenst is.

De huwelijksdag

Van alles wat een mens in zijn leven doet is trouwens datgene wat andere mensen het minste aangaat en toch is het
juist datgene waarmee anderen zich het meest mee be-
moeien.

Wanneer de bruidegom bij het huis van de bruid aan-
komt, treedt de bruid hem al tegemoet en krijgt zij het
bruidsboeket overhandigd. Het boeket wordt door de
bruid in de rechterhand gedragen. Ook de bruidsmeisjes
krijgen van de bruidegom hun boeketjes.

De gasten, die reeds gearriveerd zijn, kunnen hun corsage of boutonniére gaan dragen.

Zodra de trouwauto's of rijtuigen voorrijden wordt de bruidsstoet geformeerd, iets wat al binnenshuis dient te gebeuren. Het beste is dat één van de familieleden of ceremoniemeester (= meestal een broer of een intieme vriend van de bruidegom, maar ook een zus of intieme vriendin van de bruid) of één van de bruidsjonkers de namen afroept van degenen die het huis kunnen verlaten en in een van de auto's of rijtuigen stappen. Men moet daarbij opletten op de volgorde van de auto's of rijtuigen en het is raadzaam van te voren een schema te maken.

Eerst stappen wederzijdse ouders in, daarna de getuigen, de grootouders, de broers en zusters, de ooms en tantes en tenslotte de andere genodigden.

Is dit gebeurd, dan begeleidt de bruidegom zijn bruid naar het wachtende voertuig. De bruid loopt daarbij **rechts** van de bruidegom. Bij het instappen wordt de bruid geholpen door de bruidsmeisjes. Terwijl de bruid in de auto of rijtuig stapt, neemt de bruidegom zijn hoed af en houdt deze voorlopig af. De handschoenen worden door de bruidegom in de linkerhand gedragen. De bruid houdt echter haar handschoenen aan. Zij houdt het bruidsboeket dan nog altijd in haar rechterhand en draagt ze tevens een tasje, dan heeft ze dit aan de pols van de rechterhand.

Zijn bruid en bruidegom ingestapt, dan komen ook de bruidsmeisjes en bruidsjonkers aan de beurt. Zijn er niet meer dan twee bruidsmeisjes dan nemen die plaats in de bruidsauto, anders stappen zij in een aparte auto of rijtuig. In de stoet rijdt de bruidsauto of -rijtuig vooraan, gevolgd door de auto of rijtuig van de bruidsmeisjes en bruidsjonkers en vervolgens de rest.

Wanneer de stoet bij het stadhuis of trouwlocatie is aan-
gekomen stappen de bruidsmeisjes en bruidsjonkers zo
mogelijk het eerst uit om het bruidspaar te helpen met het
uitstappen. De bruidegom helpt zo wie zo zijn bruid met
uitstappen en heeft daarbij zijn hoed afgezet, zoals hij ook
doet bij het binnentreden van stadhuis, trouwlocatie en/of
kerk.

Bij het betreden van de trouwzaal gaat het bruidspaar voorop, waarbij de bruidsmeisjes en/of bruidsjonkers voor lopen. Achter het bruidspaar komen achtereenvolgens de wederzijdse ouders en dan al de anderen in dezelfde volgorde als bij het instappen in de auto's of rijtuigen het geval was.

Genoemde volgorde hiervoor wordt ook aangehouden ná de trouwplechtigheid, maar met dien verstande dat de bruid nu aan de **linkerzijde** van de bruidegom loopt en het bruidsboeket in haar linkerhand houdt.

Ik dien er op te wijzen dat tegenwoordig ook andere mogelijkheden zijn om de trouwzaal binnen te stappen en ik wil dan ook een drietal mogelijkheden aangeven :

1. Het bruidspaar gaat als eerste naar binnen, gevolgd door ouders en familie ;

2. Ouders, getuigen en familie gaan als eerste naar binnen. Als iedereen binnen is dan volgt het bruidspaar ;

3. De bruidegom, ouders en familie gaan als eerste naar binnen , daarna volgt de bruid aan de arm van haar vader, die zijn dochter overdraagt aan de bruidegom ;

Maar let wel :

Volgt na het wettelijk burgerlijk huwelijk een kerkelijke inzegening, dan blijft de bruid voorlopig aan de rechterzijde van de bruidegom. Bij de kerkelijke inzegening is de gang van zaken dezelfde als in het stadhuis, bij het verlaten van de kerk heeft de bruid nu de bruidegom aan haar rechterhand.

Ingeval na het wettelijk burgerlijk of kerkelijk huwelijk foto's gemaakt worden, dan rijdt het bruidspaar met de bruidsmeisjes en bruidsjonkers meteen door met de fotograaf naar de desbetreffende fotolocaties. De overigen gasten rijden direct door naar het huis van de bruid of naar de feestzaal om na de fotosessie het bruidspaar te ontvangen. Indien geen foto's gemaakt worden rijdt de gehele stoet naar het huis van de bruid of feestzaal en kan het huwelijksfeest beginnen.

De bruiloftsviering

Een bruiloftsviering kan natuurlijk gewoon eenvoudig zijn of groots met al zijn schakeringen daar tussenin, alles naar gelang de wensen, die het bruidspaar daarover heeft.

Wanneer de kerkelijke inzegening van het huwelijk niet op dezelfde dag plaatsvindt dan de wettelijke burgerlijke huwelijkssluiting, vindt het bruiloftsfeest plaats op de dag van de kerkelijke inzegening.

Groot feest of klein feest: Het bruidspaar krijgt de ere-plaatsen. De vader van de bruid neemt naast zijn dochter plaats, de moeder van de bruidegom naast haar zoon. Zo wordt tevens bereikt, dat de ouders bij elkaar en tevens ook bij hun kinderen zitten.

Gastheer is de vader van de bruid. De tafelpresident of ceremoniemeester(es) is doorgaans iemand anders, maar moet eigenlijk door de gastheer worden aangewezen. De tafelpresident(e) of ceremoniemeester(es) leest de binnengekomen gelukwensen voor, kondigt de diverse sprekers aan en leidt de feestbijeenkomst. De vader van de bruid dient als eerste het woord te voeren, daarna komen anderen in willekeurige volgorde.

Vóór het nagerecht (dessert) spreekt de bruidegom en dankt ook namens zijn vrouw en echtgenote de sprekers en spreeksters en allen die hun dag tot een onvergetelijke hebben gemaakt.

Wanneer een bruidstaart als nagerecht (dessert) wordt opgediend, snijdt de bruid die persoonlijk aan. Een oud gebruik daarbij is, dat de bruid en bruidegom elkaar kussen om die zoete toren heen.

Bruid en bruidegom vertrekken altijd vóór de gasten. Wanneer zij een huwelijksreis maken kunnen ze zich desgewenst al ná het nagerecht (dessert) terugtrekken, wat zo onopvallend mogelijk behoort te gebeuren.

45

Voorbeelden van tafelrangschikkingen

Voorbeeld 1

heer 1	moeder van de bruid	vader van de bruide- gom	bruid	bruide- gom	moeder van de bruide- gom	vader van de bruid	dame 1

dame 2	heer 3	dame 4	getuige	getuige	heer 4	dame 3	heer 2

Voorbeeld 2

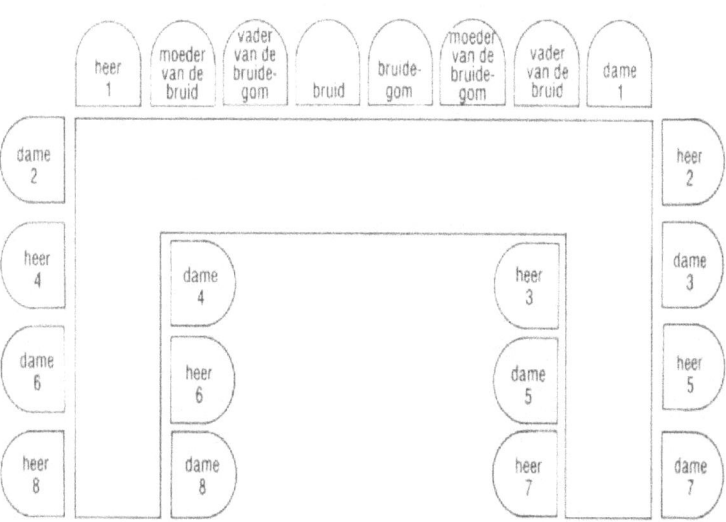

De huwelijksreis

De huwelijksreis behoort tot de meest bijzondere reizen. Voor heel wat jonggehuwden schijnt het niet zo belangrijk te zijn hoe en waarheen men reist, maar wel dat men sámen reist. Ik begrijp natuurlijk die gedachtegang maar al te goed, maar ik wijs er toch maar eventjes op dat de reismethode en het reisdoel van het grootste belang zijn.

Een huwelijksreis dient trouwens maar éénmaal in een mensenleven voor te komen. Men dient er dus de mooist denkbare herinneringen aan te kunnen bewaren. Maak er daarom géén gezelschapsreis van.

Een huwelijksreis dient uitsluitend met z'n tweeën gemaakt te worden. Een privéreis dus. Welk vervoermiddel men ook neemt het is een kwestie van smaak, planning en financiën.

Een ding staat voorop : alleen een hotel komt er voor in aanmerking, niet de caravan, camper of tent. Een goed, sfeervol hotel is soms zelfs nog belangrijker dan de verblijfplaats zelf.

Men dient er beslist zorg voor te dragen dat de huwelijksreis gekenmerkt wordt door rust, rust en nogmaals rust. Ga geen grote rondreizen maken, maar zet je neer in een bepaalde verblijfplaats, van waaruit men dan wandelend, fietsend of soms deels met bus of trein de directe omgeving kan verkennen. Probeer ook niet om gauw eventjes een grote stad te bezichtigen, of maar snel een museum of kerk te bezoeken, maar beperk je tot het indrinken van de sféér van een land, streek of stad, geniet van en in de natuur, ga nu en dan misschien een avondje uit, maar neem er verder je gemak van. Een huwelijksreis dient niet om via het schrijven van kaarten of met het bellen van mobiele telefoon het thuisfront te bewijzen tot hoever de huwelijksexpeditie zich wel heeft uitgestrekt.

Of men een verre reis maakt of niet, is van geen belang. Wat telt is alleen of de reis mooi is, gelukkig maakt, een middel is om sfeervol het begin van het huwelijkstijd te beleven en een gebeurtenis wordt die men het leven lang niet meer vergeet.

4. Het wettelijk burgerlijk huwelijk

Trouwen voor de Wet

'Trouwen voor de Wet' is in Nederland de wettelijk geregelde, formeel en juridisch bekrachtigde levensgemeen-
schap tussen man én vrouw of partners, naar de bedoe-
lingen van beiden en van de Wet en naar de zin van het
huwelijk voor het leven. De grondslagen van het huwelijk worden altijd gevormd door de natuurlijke elemen-
ten van het leven, zoals :

\# De seksuele behoefte en de functie daarvan : de voort-
planting ;

\# De behoefte aan genegenheid en kameraadschap ;

\# De (eventuele) verzorging van de uit het huwelijk geboren kinderen en de vorming van dezen tot volwaardige leden van de samenleving ;

'Trouwen voor de Wet' kan slechts op uitdrukkelijk verzoek van beide partners of partijen worden gesloten. De rechten én verplichtingen van een wettelijk burgerlijk huwelijk worden geregeld in het :

Burgerlijk Wetboek – Deel 1
'Personen- en Familierecht' Titel 5 t/m 8 'Het huwelijk.

De Nederlandse Wet stelt dat zij het huwelijk uitsluitend en alleen in zijn 'burgerlijke betrekkingen' beschouwd (art. 30 BW, lid 2), dat wil zeggen : dat het huwelijk gesloten wordt uitsluitend met zijn civiel-rechtelijke zijde.
(lid 1 gaat over 2 personen van verschillend of gelijk geslacht)

Godsdienstige huwelijkssluitingen mogen pas plaatsvinden ná het gesloten wettelijk burgerlijk huwelijk.
(art. 68 BW en art. 449 WvS)

Vereisten voor het aangaan van een wettelijk burgerlijk huwelijk zijn onder anderen :

\# De vrije toestemming van beide partijen ;
(art. 32 BW)

\# Het ongehuwd zijn van beide aanstaande echtgenoten
/ partners ; (art. 33 BW)

\# Een bepaalde leeftijd door de Wet gesteld op 18 jaar
voor mannen en vrouwen ; (art. 31 BW)

Uitgezonderd voor vrouwen die zwanger zijn of een
kind hebben geldt een leeftijd van 16 jaar. Van dit
vereiste kan door de Koning(in) om gewichtige redenen ontheffing worden verleend.

Tussen bepaalde personen kan een huwelijk verboden zijn
wegens te nauwe bloed- en verwantschap, ook wel genoemd 'bloedschande'. (art. 41 BW)
Het Ministerie van Justitie kan ontheffing verlenen bij
adoptie van broer en zus.
Ten aanzien van minderjarigen eist de Wet in het algemeen de toestemming van de ouders, eventueel voogd of
voogden en toeziend voogd of voogden, doch deze kan zo
nodig door een verlof van de Kantonrechter worden ver-
vangen, doch niet als een ouder, die het gezag over zijn
minderjarig kind uitoefent, zijn toestemming weigert. (art.
35, 36, en 39 BW)

De voltrekking van het huwelijk geschiedt in het openbaar in het gemeentehuis of locatie door B&W en gemeenteraad aangewezen door een (Buitengewoon) Ambtenaar
van de Burgerlijke Stand - BABS of ABS genoemd - in

tegenwoordigheid van tenminste twee en ten hoogste vier meerderjarige getuigen. (art. 63 BW).

De aanstaande echtgenoten / partners dienen in persoon te verschijnen, met uitzondering van een 'huwelijk met de handschoen'. (zie aldaar)

Over de persoonlijke relatie tussen de echtgenoten / partners zegt de Wet :

\# Dat zij aan elkaar getrouwheid, hulp en bijstand verschuldigd en verplicht zijn elkander het nodige te verschaffen. ; (art. 81 BW)

\# De echtgenoten / partners zijn jegens elkaar verplicht de uit het huwelijk geboren kinderen te verzorgen en op te voeden. ; (art. 82 BW)

Indien bovenstaande verplichtingen in de persoonlijke sfeer niet worden nagekomen, bestaat de mogelijkheid tot het vorderen van 'scheiding van tafel en bed' of van 'echtscheiding', beiden wegens duurzame ontwrichting van het huwelijk en bij verbreking van de 'samenwoning' door onredelijk gedrag van één der partners / partijen en ook in de verplichting van deze partij om aan de ander alimentatie te betalen (alimentatie = onderhoudsverplichting).

Het Burgerlijk Wetboek

Het Burgerlijk Wetboek (BW) is het Nederlands Wetboek dat de kern vormt van de wetgeving op het gebied van het zogenaamde **'Burgerlijk Recht'**.

Het Burgerlijk Wetboek dateert van 1838, met uitzondering van Boek 1: **'het personen- en familierecht'**, dat met ingang van 1 januari 1970 is vernieuwd en met ingang van 1 januari 1995 is aangepast.

Juist het Wetboek over 'personen- en familierecht' is voor het aangaan van een wettelijk burgerlijk huwelijk én voor de (Buitengewoon) Ambtenaar van de Burgerlijke Stand van groot belang. De belangrijkste wijzigingen zijn onder anderen :

\# Ouders zijn vrijer in de keuze van de voornamen van hun kind(eren) ;

\# Meerderjarige kinderen behoeven géén toestemming meer van hun ouders om in het huwelijk te treden ;

\# Een gescheiden vrouw behoeft niet meer een jaar te wachten met hertrouwen ;

\# De huwelijksbeletselen op grond van verwantschap zijn vervallen ;

\# Het besturen van de goederen van een huwelijksgemeenschap zijn gewijzigd ;

\# De z.g. 'lex hac edictali' (= beginselen van het Oud-Hollands Recht), die de tweede echtgeno(o)t(e) vermogensrechtelijk achterstelde bij de eerste, is vervallen ;

\# De positie van buitenechtelijke kinderen is geschrapt ;

\# Er zijn uitzonderingen op de bekwaamheid van minderjarigen ingevoerd ;

\# De alimentatieplicht tussen grootouders en kleinkinderen is afgeschaft ;

De bepalingen aangaande wettelijke echtscheiding zijn vrijwel onveranderd overgenomen uit de oude Wet. Men acht de tijd nog niet rijp voor een principiële herziening van het echtscheidingsrecht. De herziening(en) zal in de loop van de tijd in afzonderlijke wetsontwerpen behandeld en ingevoerd worden.

De Burgerlijke Stand

De Burgerlijke Stand is een onderdeel van de afdeling : **'Burgerzaken'** van een gemeente. Deze afdeling 'beheert' de boekhouding betreffende alle zaken die van belang zijn voor de burgerlijke staat (= levensloop / personeelsstatuut), van personen, bijgehouden in de eerste plaats belanghebbenden een zo zeker en gemakkelijk bewijs van die feiten te verschaffen. De 'Burgerlijke Stand' is opgebouwd uit de registers van :

Geboorten ;
Huwelijksaangiften ;
Huwelijkstoestemmingen ;
Huwelijkssluitingen ;
Partnerschap ;
Homo- c.q. lesbische huwelijken ;
Echtscheidingen ;
Overlijden ;

Alle registers van de Burgerlijke Stand zijn openbaar en eenieder kan dan ook zich daarvan afschriften of uittreksels (tegen betaling) doen verschaffen. Voor aanvullingen en/of verbeteringen van registergegevens is in het algemeen een gerechtelijk beschikking nodig.

De Ambtenaar van de Burgerlijke Stand

De Ambtenaar van de Burgerlijke Stand (ABS) is een beëdigd ambtenaar en belast met de registratie van :

Geboorten ;
Huwelijksaangiften ;
Huwelijkssluitingen ;
Echtscheidingen ;
Overlijden ;

Daarnaast zijn er ook Ambtenaren van de Burgerlijke Stand die uitsluitend belast zijn met het voltrekken van huwelijken in de desbetreffende gemeente, de zogenaamde '**Buitengewoon Ambtenaar van de Burgerlijke Stand**' (= **BABS**).

Ambtenaren van Burgerlijke Standen leggen voor de Arrondissementsrechter de bij de Wet voorgeschreven eed of belofte af.

Bij deze 'ambtseed' dient hij of zij daarbij ondermeer te **zweren** of te **beloven** trouw te zijn aan de Koning(in), trouw aan de Grondwet en trouw te zijn aan alle overige Rijkswetten. Voorts dat hij of zij middellijk of onmiddellijk, onder welke vorm of voorwendsel, tot het verkrijgen van zijn aanstelling aan iemand, wie hij of zij, iets heeft gegeven of beloofd, noch zal geven of beloven, dat hij of zij om iets hoegenaamd in zijn betrekking te doen of te laten van niemand hoegenaamd middellijk of onmiddellijk enige beloften of geschenken zal aannemen en dat hij of zij de zaken waarvan hij of zij door zijn of haar ambt kennis draagt en die hem of haar als geheim is toevertrouwd of waarvan hij of zij het vertrouwelijk karakter moet begrijpen, niet zal openbaren aan anderen, dan aan hen, aan wie hij of zij volgens de Wet of ambtshalve tot mededeling verplicht is. De Nederlandse Wet laat iedere Ambtenaar, die volgens de wettelijke voorschriften een ambtseed moet afleggen, de keuze, dat hij of zij een **eed** of een **belofte** wil afleggen. Aan het opgenomen 'proces-verbaal' van de ambtseed wordt door de rechter een volledige bewijskracht toegekend.

Kosten van een (Buitengewoon) Ambtenaar van de Burgerlijke Stand

Een bruidspaar dat niet kiest voor gratis trouwen, betaalt in ieder geval gemeentelijke leges. Dat zijn de kosten die een gemeente in rekening brengt voor de administratieve handelingen die zij verricht om het huwelijk officieel te maken ; het opmaken van de trouwakte en het inschrijven van het huwelijk in de gemeentelijke basisadministratie. De kosten hiervan verschillen per gemeente en ook kunnen gemeenten extra tarieven in rekening brengen voor verschillende door de gemeenten aangewezen locaties.

Bij deze kosten, zijn de kosten voor een (Buitengewoon) Ambtenaar van de Bugerlijke Stand die in dienst is van de desbetreffende gemeent opgenomen. Dat betekent dan ook dat men, afhankelijk van beschikbaarheid, een (Buitengewoon) Ambtenaar van de Burgerlijke Stand uit een lijst kan kiezen om als bruidspaar je door hem of haar te laten trouwen.

Een bekende die voor één dag als Buitengewoon Ambtenaar wordt benoemd

Hoe leuk zou het zijn als een bruidspaar kan worden getrouwd door een vader, moeder, zus, broer, oom, tante, vriend of vriendin. Vele gemeenten werken vaak ook hieraan mee. Hoewel het duidelijk duurder is dan de gemeentelijke leges die je standaard betaald, maakt het huwelijk natuurlijk wel een stuk persoonlijker. In dit geval betaalt het bruidspaar voor :

- Gemeentelijke leges ;
- Documenet voor het verzoekschrift ;
- Benoeming door de gemeente en beëdiging door de rechtbank ;

Waar het bruidspaar de gemeentelijke leges betaald, betaald degene die trouwambtenaar voor één dag wil worden voor de benoeming en beëdiging, eventueel doorgerekend aan het bruidspaar natuurlijk. Om door een gemeente te worden benoemd zal men meestal een verzoekschrift dienen in te dienen en een 'Verklaring van

goed gedrag' dienen aan te vragen, zodat de gemeente weet wat voor vlees zij in de kuip heeft. Meestal betaalt men voor zo'n 'Verklaring' zo tussen de 20 en 30 euro. Omdat een bekende het doet, bespaar je de kosten.
Nadat er een gesprek is geweest met degene die voor één dag moet worden benoemd, zal de gemeente zo iemand benoemen.

Een zelfstandig trouwambtenaar van de Burgerlijk Stand voor één dag inhuren

Niet iedereen heeft iemand in zijn omgeving die niet alleen veel betekent voor zowel bruid als bruidegom, maar die ook nog eens goed kan speechen. Een trouwceremonie leiden is immers geen gemakkelijke opgave. Degene zal de sfeer dienen aan te voelen, de gasten bij de ceremonie dienen te betrekken en misschien de ouders een traantje te laten wegpinken. Doch kijk uit om een bekende te nemen die plankenkoorts heeft en geen 'nee' durft te zeggen als men hem of haar vraagt om te spreken. Een oplossing is dan de zelfstandige trouwambtenaar. Een zelfstandige trouwambtenaar heeft meestal een bepaalde gemeente als 'uitvalsbasis', waar hij of zij een gewone trouwambtenaar is. Om in een andere gemeente een bevriend bruidspaar te mogen trouwen hoeft dan alleen maar een benoeming te worden aangevraagd, omdat hij of zij al beëdigd is.

Goedkoper trouwen met een zelfstandig trouwambtenaar

Een bruidspaar wil een persoonlijke ceremonie, doch het past niet hun uitgerekende budget. Kan het dan niet goedkoper ? Jawel. Het bruidspaar kan gratis trouwen op het stad- of gemeentehuis en de zelfstandige trouwambtenaar enkel vragen voor een ceremonieel huwelijk. Dit is, net als een kerkelijk huwelijk 'niet echt'. Het ceremonieel huwelijk verandert niets aan de rechtspositie van het bruidspaar, want zij zijn al wettelijk getrouwd op het stad- of gemeentehuis. Hopelijk valt het boeken van een zelfstandig trouwambtenaar hiermee binnen het budget van het bruidspaar. De locaties voor zo'n huwelijk kunnen dan ook verschillend zijn.

De diverse trouwstelsels

'Trouwen voor de Wet' laat de aanstaande echtgenoten / partners vrij in welk stelsel zij hun huwelijk laten plaatsvinden. De meest voorkomende huwelijksstelsels - ook wel **'regimes'** genoemd - zijn :

\# Trouwen in 'gemeenschap van goederen' (van rechtswege) *) ;
*) (zie verandering van 1 januari 2018 op pagina 65)

\# Trouwen onder 'huwelijkse voorwaarden' (door tussenkomst van een notaris. Het liefst vóór het burgerlijk huwelijk in verband met de kosten) ;

\# Trouwen onder 'verrekeningsbeding' ;

\# Trouwen 'met de handschoen' ;

Trouwen in 'gemeenschap van goederen'

Hoewel het trouwen in 'gemeenschap van goederen' met ingang van 1 januari 2018 is veranderd wil ik toch de gegevens van de oude wet nog wel aangeven.

Dit trouwstelsel is in Nederland het meest voorkomende. Wanneer aanstaande echtgenoten / partners geen enkele regeling over de financiële kant van het huwelijk heben getroffen, ontstaat er tussen hen door de wettelijke huwelijksvoltrekking automatisch het stelsel 'in gemeenschap van goederen', dat wil zeggen : een volledige versmelting van elkaars vermogen en ook elkaars schulden (= **wettelijke regeling vóór 1 januari 2018 - zie verandering op pagina 65**)

Trouwen 'in gemeenschap van goederen' omvat dus in principe alle werkelijke bezittingen en tegoeden (= **activa**) en alle werkelijke schulden (= **passiva**), doch een erflater of schenker kan hetgeen hij of zij vermaakt of geeft, daarvan uitzonderen, terwijl ook voor persoonlijke onvervreemdbare rechten, bijvoorbeeld pensioenrechten en voor overeenkomstige, op bijzondere wijze aan één der echtgenoten of partners gehechte schulden meer of minder vergaande uitzonderingen op de gemeenschapsregels kunnen voorkomen.

Van de werkelijke bezittingen en tegoeden van de 'gemeenschap' zijn beide echtgenoten / partners rechthebbenden en de schuldeisers van beiden hebben daar op ook verhaal ; alleen ten behoeve van de gewone gang van de huishouding door één van beiden aangegane schulden is de ander automatisch medeschuldenaar.

Het beheer en de beschikking over alle bezittingen, tegoeden en schulden kwam vóór 1957 vrijwel volledig en uitsluitend aan de man toe, maar sindsdien echter in beginsel aan de echtgenoot van wiens zijde elk goed in de 'gemeenschap' is gevallen, dat wil zeggen : die bij wegdenken van de gemeenschap rechthebbende zou zijn.

Overschrijdt een echtgenoot / partner op dit punt zijn of haar bevoegdheid, dan kan de ander tegen de verrichte rechtshandeling opkomen, doch rechten door derden te goeder trouw verkregen worden, met uitzondering van belangrijke giften, geëerbiedigd. De relatie die in 'gemeenschap van goederen' zijn gehuwd, die kan worden ontbonden door:

a. bij overlijden van één der echtgenoten / partners ;
b. bij echtscheiding ;
c. bij scheiding van 'tafel en bed' ;
d. door opheffing bij een gerechtelijke beschikking
op vordering van één der echtgenoten / partners ;

Na beëindiging van de 'gemeenschap' dienen de gemeenschappelijke bezittingen en tegoeden bij de 'boedelscheiding' worden verdeeld. Deze verdeling geschiedt bij helfte, waarbij de herkomst van de goederen en de tegoeden er in het beginsel niet toe doet.
Schulden dienen, intern bezien, gezamenlijk te worden gedragen ; extern, en wel tegenover de schuldeisers, blijft elk voor de zelf gemaakte en boven omschreven gewone huishoudelijke schulden voor het geheel aansprakelijk, wijl hij of zij voor de overige gemeenschapsschulden thans aansprakelijk wordt, doch slechts voor de helft.
De bevoegdheid om ná de beëindiging van de 'gemeen-

schap' afstand te doen van de goederengemeenschap komt sinds 1957 niet alleen aan de vrouw toe, maar nu ook aan de man.

In de meeste gevallen trouwden man en vrouw / partners onder de noemer ín 'gemeenschap van goederen'. Het was toen het meest normale stelsel in het huwelijksgoederenrecht, gekenmerkt, zoals we zien, door een, in beginsel totale versmelting van de vermogens van beide partners, welke automatisch intreedt ná de wettelijke huwelijksvoltrekking, voor zover niet bij de 'huwelijkse voorwaarden' een afwijkende regeling is getroffen.

De meeste huwelijkskandidaten overzien de eventuele gevolgen van een 'trouwen in gemeenschap van goederen' niet. Zij laten op dat moment maar 'Gods wateren over Gods akker lopen', met alle gevolgen van dien bij een echtscheiding.

Trouwen in 'gemeenschap van goederen' had wel het voordeel van de eenvoudigheid. Verder pastte het systeem of stelsel aardig bij de aan het huwelijk toebedachte lotsverbondenheid van de echtgenoten / partners.

Maar in de praktijk en gezien mijn eigen ervaringen blijkt trouwen in 'gemeenschap van goederen' een reden waarom er in Nederland nauwelijks eenvoudige scheidingen voorkomen. Er valt namelijk binnen die 'gemeenschap' altijd ontzettend veel te regelen. Zijn er geen financiële en materiële bezittingen, pensioenrechten of polissen, dan zijn er altijd nog wel schulden. En evenals bij het trouwen spelen ook bij een scheiding emoties vaak een belangrijke, zo niet belangrijkste rol. En zo'n gemoedstoestand, die een echtscheiding toch eigenlijk is, is het heel moeilijk om zo'n puur zakelijke aangelegenheid af te wikkelen. En het is ook niet zo, die het minst koelbloedig is in zo'n situatie al gauw de meeste veren laat. Onze huidige samenleving zit nu eenmaal gecompliceerd in elkaar en juist in die 'gemeenschap van goederen' is het moeilijk verkeren.

De wettelijke verandering vanaf 1 januari 2018

Vanaf **1 januari 2018** (wetsvoorstel van 29 april 2016) zijn de wettelijke regels voor 'trouwen in gemeenschap van goederen' veranderd.

Is men reeds getrouwd vóór 1 januari 2018 in 'algemene gemeenschap van goederen', dan blijven de oude en bovenstaande regels gelden

In de nieuwe regels trouwt men nog steeds in 'gemeenschap van goederen', doch het verschil is dat die gemeen-meenschap alléén het vermogen betreft dat men tijdens het huwelijk opbouwt. Op deze manier deelt men alleen de inkomsten, bezittingen en schulden die men tijdens het huwelijk verkrijgt of maakt. Wat men bij aanvang van het huwelijk zelf inbrengt, het privévermogen, valt niet langer in de 'gemeenschap van goederen' en blijft dus van jezelf.

Ook erfenissen en schenkingen aan elk van jezelf behoren in de nieuwe situatie niet tot de 'gemeenschap'. Als men beide als echtgenoten wil dat dit vermogen wél tot de 'gemeenschap' gaat behoren, dan kan men dit laten vastleggen in de 'huwelijkse voorwaarden'. Ook kan een schenker, schenkster of erflater een z.g. 'insluitingsclausule' laten opstellen, waaruit blijkt dat de schenking of erfenis aan allebei de echtgenoten wordt toegekend. Maar let op (!!!), als in de 'huwelijkse voorwaarden' iets anders staat, hebben deze bepalingen voorrang op een 'insluitingsclausule'.

Wat gebeurt er nu bij een echtscheidng ? In theorie is deze vraag eenvoudig te beantwoorden : alles wat uitsluitend aan één van de partners toebehoorde voor het trouwen, plus vermogen uit schenkingen en erfenissen is van betrokken partner. In de praktijk is dit uiteraard niet altijd makkelijk aantoonbaar, zeker als het om roerende zaken gaat.

Zowel in de bestaande als de nieuwe regeling geldt in zo'n situatie het z.g. 'bewijsvermoeden', waarbij vermogen binnen de 'gemeenschap' valt als geen van beide partners kan bewijzen dat het exclusief aan jou of de andere partner toebehoort.

In de nieuwe regeling vallen schulden die één van beide partners vóór het huwelijk heeft gemaakt niet langer onder de 'gemeenschap van goederen'.

Omdat het eigen privévermogen van vóór het huwelijk van jezelf blijft, geldt dit ook voor een 'ondernemingsvermogen'. Het maakt daarbij niet uit of men zelfstandig ondernemer bent of directeur-grootaandeelhouder van een BV. Tijdens het huwelijk vallen winsten en verliezen van de onderneming wel onder de 'gemeenschap van goederen'. Als de winsten niet worden uitgekeerd maar aan het ondernemingsvermogen worden toegevoegd, wordt de helft ervan aan één der echtgenoten toegerekend. Overigens geldt dit niet alleen voor winsten, maar ook voor verliezen. Wilt men het toch anders regelen, dan kunt men 'huwelijkse voorwaarden' laten opstellen door een notaris.

De nieuwe regels zorgen in vele gevallen voor een eerlijker toekenning van vermogen, waardoor dit na een echtscheiding ook eerlijker kan worden verdeeld.

Eventuele wettelijke aanpassingen in de wet van 1 Januari 2018 met betrekking tot een huwelijk in 'algehele gemeenschap van goederen' (Wetsvoorstel van Minister Dekker van Rechtsbescherming op 26 februari 2018)

Hoewel het wetsvoorstel nog niet door de 2e en 1e Kamer is aangenomen, heb ik gemeend zijn voorstel toch in dit boek op te nemen

Partners die in 'algehele gemeenschap van goederen' willen trouwen, hoeven in het wetsvoorstel straks niet meer naar een notaris voor 'huwelijkse voorwaarden'. Zij kunnen voortaan dan volstaan met een verklaring bij de Ambtenaar van de Burgerlijke Stand.

Doel van deze wettelijke maatregel is het voor partners zo eenvoudig mogelijk te maken. Bovendien zijn zij goedkoper uit, omdat de notariskosten vervallen en dat scheelt honderden euro's. De nieuwe maatregel geldt ook voor het 'geregistreerd partnerschap'.

Het wetsvoorstel van **26 februari 2018**, dat voortvloeit uit het regeerakkoord, heeft te maken met een wijziging die op **1 januari 2018** was ingegaan. Als het wetsvoorstel wordt aangenomen trouwen voortaan partners automatisch in een 'beperkte gemeenschap van goederen'. Dat wil zeggen dat zij niet meer alle bezittingen en schulden delen die zij vóór en tijdens hun huwelijk verkrijgen. Huwelijkspartners die daarvan willen afwijken en wèl alles met elkaar willen delen, dienen nu naar de notaris te gaan om dat in 'huwelijkse voorwaarden' te laten vastleggen. Dat is ingewikkelder en er zijn kosten aan verbonden. Met het wetsvoorstel komt het kabinet deze partners tegemoet, door de procedure te vereenvoudigen en de notariskosten te schrappen.

De 'verklaring' kan tot uiterlijk één werkdag vóór het huwelijk worden ingediend bij de Ambtenaar van de Burgerlijke Stand van de gemeente waar men wil trouwen.

Dit kan dan zowel digitaal als schriftelijk. Er komt dan een zogenaamde 'modelverklaring' voor partners die in 'algehele gemeenschap van goederen' willen trouwen. Dit dan met het oog op de rechtszekerheid. Zo'n registratie is dan duidelijk en zorgt voor een betere uitvoering. De 'modelverklaringen' zijn vervolgens afgestemd met de Nederlandse Vereniging voor Burgerzaken (NVvB) en met de Koninklijke Notariële Beroepsorganisatie (KNB). Alleen wat partners gezamenlijk in het huwelijk opbouwen, is in het vervolg wél van beiden.

Dit betekent wel dat partners moeten gaan bijhouden hoe hun vermogen en inkomen zich in hun huwelijk ontwikkelt.

Aan het einde van het huwelijk - het maakt niet uit of het eindigt door een echtscheiding of overlijden - moet een partner (echtgenoot/echtgenote) kunnen aantonen dat iets privé is. Kan de desbetreffende partner dat niet dan wordt het tot de 'beperkte gemeenschap 'gerekend en moet het 50/50 worden gedeeld.

Dit kan alsnog tot conflicten leiden en het is dus verstandiger om dit toch vóór het huwelijk vast te leggen in een notariële akte. Het is wijselijk dat partners dit wel doen. In de Wet staat expres niet dat bezit of schuld notarieel vastgelegd moet worden. Een partner dient wel te kunnen bewijzen dat het bijvoorbeeld een erfenis van zijn of haar ouders is. Maar dit staat vermoedelijk al ergens (notarieel) geregistreerd en die informatie is in de meeste gevallen makkelijk opvraagbaar. Het voordeel van notarieel vastleggen is dat het door een derde partij wordt bewaard. Dit kost overigens veel minder dan de honderden euro's die het vastleggen van 'huwelijkse voorwaarden' kost.

Trouwen onder 'huwelijkse voorwaarden'

Bij geen enkele gebeurtenis in ons rechtsstelsel hebben - dikwijls ongemerkt - zulke grote vermogensverschuivingen plaats als bij een huwelijk.

Immers bezittingen, tegoeden en schulden van man én vrouw worden dan één geheel. En dat blijft ook tijdens de huwelijksrelatie - ook door schenking en erfenis.

In 'gemeenschap van goederen' leven noemt men dat in het vakjargon. Dat betekent, zoals we hiervoor hebben gezien, dat voor de schuld van de één de bezittingen en tegoeden van de ander kunnen worden aangesproken.

(zie verandering op 1 januari 2018 – pagina 65)

Om dit nu te elimineren of te beperken of zelfs helemaal te voorkomen is het aan te bevelen om zogenaamde 'huwelijkse voorwaarden' aan te gaan, een rechtshandeling waarbij de aanstaande echtgenoten / partners of reeds gehuwden hun vermogensrechtelijke verhoudingen kunnen regelen.

'Huwelijkse voorwaarden' dienen op straffe van nietigheid bij notariële akte worden aangegaan en kunnen aan derden, die er onkundig van zijn, alleen worden tegengeworpen, voor zover zij tenminste veertien (14) dagen in het huwelijksregister zijn ingeschreven.

Normaal is dat de 'huwelijkse voorwaarden' vóór het huwelijk worden opgemaakt, om vervolgens in werking te treden bij de huwelijksvoltrekking.

Sinds 1957 kunnen 'huwelijkse voorwaarden' ook tijdens het huwelijk worden opgemaakt en/of gewijzigd, doch dan moet het huwelijk echter reeds tenminste één (1) jaar geduurd hebben en is bovendien een goedkeuring vereist van de rechtbank, een goedkeuring die geweigerd wordt als en redelijke grond ontbreekt of indien er gevaar voor benadeling van schuldeisers ontstaat.

Naast de wettelijk geldende rechten én verplichtingen zijn de echtgenoten / partners vrij zelf te bepalen welke financiële rechten en verplichtingen zij in hun huwelijk zullen hebben. Zij kunnen onder andere kiezen voor een huwelijksstelsel, waarbij er geen enkele 'gemeenschap van goederen' tussen hen bestaat, in dat geval heeft ieder van hen zijn eigen privé-inkomen en privévermogen. (zie : '**trouwen onder verrekeningsbeding**').

Zij kunnen ook kiezen voor een stelsel waarbij de goederen en schulden gemeenschappelijk zijn en anderen niet.

Om nu het een en ander in de juiste banen te leiden heeft de Nederlandse Wet voor de verschillende vormen regels voorgeschreven, doch de echtgenoten / partners mogen in bepaalde gevallen van die regels afwijken.

Wijken zij niet uitdrukkelijk van die regels af, dan gelden de gewone wettelijke voorschriften van het huwelijks-goederenstelsel waarvoor zij gekozen hebben.

Door dat kiezen regelen de echtgenoten / partners niet alleen hun eigen rechten en verplichtingen, maar ook jegens elkaar en tegenover derden.

Is het huwelijk onder 'huwelijkse voorwaarden' in het buitenland gesloten dan dient de inschrijving te geschieden ter Griffie van de Rechtbank te Den Haag.

Het maken van 'huwelijkse voorwaarden' is vooral dan van belang als één der partijen - meestal de man - belangrijk financieel risico zal dragen en de ander enig vermogen heeft of kan verwachten, dat men tegen een eventuele bankroet of financiële ondergang van eerstgenoemde wil beschermen.

Bij de keuze van een huwelijksgoederenstelsel moet onder meer worden bedacht dat de eenvoudige uitsluiting van ieder gemeenschap de vrouw, man of partner bij mogelijk financieel succes van de man, vrouw of partner geen aandeel geeft.

Daarom is het aan te raden dat aanstaande echtgenoten / partners zich er goed aan doen tijdig vóór hun huwelijk zich af te vragen of ze wél of niét zullen trouwen onder 'huwelijkse voorwaarden'.

'Huwelijkse voorwaarden' dienen altijd te worden aangegaan bij notariële akte en zij worden ingeschreven in een z.g. **'huwelijksgoederenregister'**, zodat iedereen van de inhoud van de voorwaarden kennis kan nemen.
De betreffende notaris zorgt voor de inschrijving. Pas wanneer dat gebeurd is, zijn de 'huwelijkse voorwaarden' van kracht ten opzichte van derden.

Meer informatie over 'huwelijkse voorwaarden' vindt men in de brochure **'familierecht'**, die men bij ieder notariskantoor gratis kan verkrijgen, doch die ik toch ook nader wil toelichten met onderstaande vragen :

\# Partners wonen nu samen en willen dat er financieel niets verandert :
Door huwelijkse voorwaarden te maken zorgen partners ervoor dat financieel alles hetzelfde blijft.

\# Een van de partners heeft een bedrijf of gaat in de toe-
komst een bedrijf beginnen :
*Met huwelijks voorwaarden kunnen zij het vermogen van
de andere partner beschermen tegen een zogenaamd onder-
nemersrisico.*
*Ook voor zzp-ers zijn huwelijkse voorwaaren interes-
sant.*

\# Partners hebben samen spaargeld in het huis zitten :
*Als één van beiden (meer) spaargeld heeft besteed aan het
huis waarin de partners wonen, wil hij of zij dat geld
misschien ook terug als het tussen de partners misloopt.
Dat kan alleen als men huwelijkse voorwaarden laat
maken.*

\# Partners willen zelf bepalen wat zij in geval van een
scheiding wel of niet met elkaar delen :
*In de Wet staat wat men wel en niet deelt bij een schei-
ding. In huwelijkse voorwaarden bepalen partners dit zelf
en legt men vast wat men wel en niet met elkaar deelt. Zo
voorkomt men bij de scheiding ook nog ruzie mee over
wat van wie is.*

\# Eén van de partners is al eerder getrouwd geweest :
*Als men niet wilt meebetalen aaan de alimentatie die de
andere partner moet betalen dan hebben ze huwelijkse
voorwaarden nodig. Er zijn ook huwelijks voorwaarden
nodig als de scheiding nog niet (helemaal)is afgewikkeld.*

\# Eén van de partners heeft een schuld :
Als één van de partners een schuld heeft dan kunnen zij
met huwelijks voorwaarden ervoor zorgen dat de ander
daar geen last van heeft of krijgt.

\# De samenstelling van het gezin heeft financiële aandacht
nodig :
De Wet geeft basisregels waar gezinnen met stiefkinderen
of een inwonende ouder vaak niet in passen.
In huwelijkse voorwaarden maken de partners dan finan-
ciële afspraken voor het 'gezin op maat'.

\# Partners gaan (misschien) in het buitenland wonen :
Als partners willen voorkomen dat zij verstrikt raken in
de
huwelijksregels van meerdere landen dan is het verstandig
huwelijkse voorwaarden te laten opmaken.

\# Bij een scheiding willen partners geen ruzie maken over
van wie welke spullen zijn :
Als partners huwelijkse voorwaarden maken kunnen zij in
de huwelijkse voorwaarden laten beschrijven van wie
welke spullen zijn. Hiermee verminderen zij de kans op
ruzie over spullen bij een scheiding.

\# Partners willen financeel alles met elkaar delen, ook bij
een scheiding :
Als partners ná 1 januari 2018 trouwen en zij willen bij

een scheiding financieel gezien allles 50/50 met elkaar delen dan dienen zij daarvoor huwelijkse voorwaarden te laten opstellen.

Ruzie voorkomen ná een scheiding kunnen partners door goede afspraken te maken huwelijkse voorwaarden door een notaris laten opmaken. Ook bijvoorbeeld over hoe partners zich tegenover elkaar gedragen op de sociale media als men gaat scheiden en hoe het eventueel ná de scheidng verder gaat met eventuele huisdieren. Goede afspraken maken en huwelijkse voorwaarden opstellen doet men als de relatie goed is. Uiteraard zijn er natuurlijk nog mee redenen om huwelijkse voorwaarden te laten maken. Om meer inzicht daarin te krijgen is een stap naar een notaris dan ook wenselijk. Het opstellen van huwelijkse voorwaarden is dan ook vóór het huwelijk aan te bevelen

Trouwen onder 'verrekeningsbeding'

Trouwen onder 'verrekeningsbeding' is weer een bepaalde vorm van trouwen onder 'huwelijkse voorwaarden'.

Omdat de echtgenoten / partners vrij zijn zelf hun financiële rechten en verplichtingen te regelen, komt men tegenwoordig steeds meer deze trouwvorm tegen.

Met het 'verrekeningsbeding' wordt in de 'huwelijkse voorwaarden' iedere vorm van 'gemeenschap van goederen' uitgesloten, maar de echtgenoten / partners verplichten zich wel hun besparingen te delen. Dat hierbij

allerlei variaties te bedenken zijn is natuurlijk wel duidelijk.

'Trouwen onder verrekeningsbeding' is echter ook mogelijk bij een 'beperkte gemeenschap van goederen', zoals
het verrekeningsbeding met de gemeenschap van inboe-
del. De schulden die daarbij gemaakt zijn worden dan gemeenschappelijk, de rest dus niet.

Het zou echter te ver voeren alle mogelijke variaties met
betrekking tot het 'verrekeningsbeding' te bespreken.
Daarvoor is het 'huwelijksgoederenrecht' te uitgebreid en
algemene regels welk stelsel de echtgenoten / partners het
beste kunnen kiezen zijn niet te geven. Hiervoor zijn persoonlijke omstandigheden en leefomgeving van groot belang.

Ook hier kan natuurlijk de notaris de echtgenoten / partners het beste adviseren en ook samen bepalen wat in de
gegeven omstandigheden het beste is.

Zeker bij een huwelijk onder 'verrekeningsbeding' is bijstand van een terzake deskundige onontbeerlijk.

Bij alle zaken, die een voorbereiding van huwelijk met zich
meebrengt, is het voor de aanstaande echtgenoten / partners zeer verstandig te bedenken om 'huwelijkse voorwaarden' of een variatie daarop op te maken of te overwegen. En is de huwelijksdag voorbij, dan is er altijd nog
de mogelijkheid het een ander te regelen.

Trouwen 'met de handschoen'

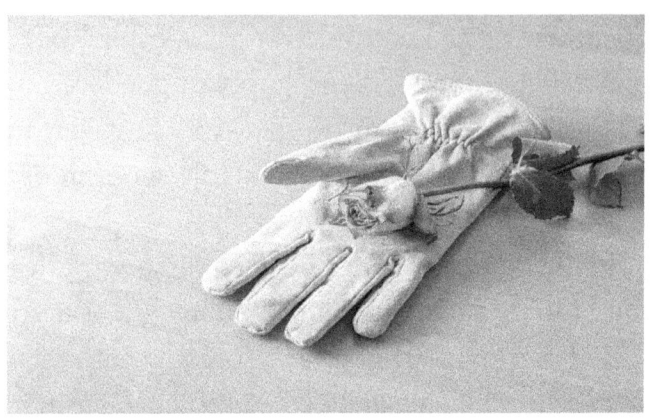

'Trouwen met de handschoen' is een huwelijkssluiting waarbij één of beiden der partijen / partners wordt 'vertegenwoordigd' door een zogenaamde '**gevolmachtigde**'. In het algemeen dienen bij een voltrekking van een wettelijk burgerlijk huwelijk de aanstaande echtgenoten / partners in persoon vóór de (Buitengewoon) Ambtenaar van de Burgerlijke Stand te verschijnen. (art. 66 BW in afwijking van art. 65)

Het Ministerie van Justitie kan echter om gewichtige redenen de partijen toestaan het huwelijk door een bijzondere, bij authentieke akte gevolmachtigde te voltrekken. (art. 66) (BW)

De aanduiding 'met de handschoen' is te verklaren, dat in vroeger tijden men iemand de bevoegdheid tot beslissen kon overdragen door hem of haar zijn 'handschoen' toe te zenden.

'Trouwen met de handschoen' is in de meeste landen niet mogelijk. Het is een typisch oud-Hollandse recht en aan het zogenaamde canonieke recht ontleend.

Het canonieke recht is het recht dat door de Rooms Katholieke Kerk en haar organen is vastgesteld, gehandhaafd en toegepast. Grondslag van het canonieke recht is de Heilige Schrift, de apostolische tradities en geschriften van de kerkvaders, kerkgeleerden en kerkleraren (**doctores ecclesiae**).

Dit oud-Hollandse recht is ook bij de nieuwe samenstelling en herziening van het Burgerlijk Wetboek behouden gebleven. Dit ook met het oog op aanstaande echtgenoten van wie de één zich in Nederland en de ander zich in het buitenland bevindt.

5. De formaliteiten vóór het wettelijk burgerlijk huwelijk

Voor het voornemen om te trouwen dienen de aanstaande echtgenoten / partners hiervan 'melding' te doen bij de Ambtenaar van de Burgerlijke Stand.

Minderjarigen en onder curatele gestelde hebben volgens de Nederlandse Wet geen eigen woonplaats, doch zij hebben namelijk de woonplaats bij diegene die het gezag over hen heeft: hun ouders of hun voogd(en), dan wel curator.

Als beide partners niet in Nederland wonen, kunnen zij in Nederland trouwen indien één van hen de Nederlandse nationaliteit bezit. Zij dienen dan aangifte te doen bij de

Ambtenaar van de Burgerlijke Stand in Den Haag. De huwelijksaangifte kan op twee manieren plaatsvinden, te weten:

1. Door persoonlijk naar het gemeentehuis te gaan en 'melding' te doen bij de Ambtenaar van de Burgerlijke Stand ;
2. Door een schriftelijke 'melding' te doen plaatsvinden ;

De Ambtenaar van de Burgerlijke Stand mag in geval hem of haar bekend is dat de aanstaande echtgenoten / partners niet aan de vereisten voor hun wettelijk huwelijk voldoen, het huwelijk **niet** voltrekken. Weet hij of zij dat al wanneer er aangifte gedaan wordt, dan mag hij of zij zelfs geen huwelijksaankondiging doen.

Wanneer het huwelijk **niet** binnen één (1) jaar na huwelijksaangifte voltrokken wordt, dan dient opnieuw 'melding' te worden gedaan. (art. 46 WB).
De Ambtenaar van de Burgerlijke Stand moet, als een minderjarige wil trouwen, nagaan wie daarvoor toestemming moet geven en hij of zij dient te informeren bij de Griffie van het Kantongerecht of betrokken minderjarige :

Een voogd of voogden heeft ;
Voorwaardelijk ter beschikking van de regering gesteld is of geplaatst in een inrichting ;
Onder toezicht is gesteld of voorlopig aan de 'Raad

voor de Kinderbescherming' toevertrouwd is ;
\# Andere zaken zijn, die van belang zijn ;

Heeft een minderjarige een voogd, dan weet de Ambtenaar van de Burgerlijke Stand dat die voogd en ouders,
tenzij geestvermogen gestoord, voor het huwelijk toestemming moeten geven. (art. 35/3 WB). Is de minderjarige
voorwaardelijk ter beschikking van de regering gesteld,
dan wel geplaatst in een inrichting, instelling of voorlopig
aan de 'Raad van de Kinderbescherming' toevertrouwd,
dan dient de Ambtenaar van de Burgerlijke Stand de
'Raad voor de Kinderbescherming' in te lichten, om vervolgens ook de kinderrechter van dit feit op de hoogte te
stellen.

Als iemand wil hertrouwen, die de voogdij heeft over de
kinderen uit een vorig huwelijk, dan dient de Ambtenaar
van de Burgerlijke Stand aangifte te doen aan de Kantonrechter van de plaats waar de ouder of voogd woont.
De Kantonrechter dient dan na te gaan of er op de Griffie
van het Kantongerecht een verklaring ligt over het vermogen van betrokken kinderen.

Is zo'n boedelbeschrijving nog niet gemaakt, dan zal de
Kantonrechter daartoe opdracht geven. De Wet wil namelijk niet, dat er door het tweede huwelijk onduide-
lijkheid zal ontstaan over wat van wie is, want de kinderen zouden daarvan de dupe kunnen worden.

6. Het verbreken en het tegenhouden van de trouwbelofte

a. Het verbreken van de trouwbelofte

Gaat een huwelijk niet door, dan kan de teleurgestelde of gedupeerde partner geen schadevergoeding van de andere partners vorderen of er moet reeds een 'samenlevings--contract' bestaan waarin het een en ander geregeld is.
Bestaat er zo'n samenlevingscontract niet dan is de enige schade die te claimen is het verlies dat werkelijk geleden is, zoals bijvoorbeeld : de vrouw heeft haar goede financiële baan opgezegd en kan geen vervangende baan vinden; de bruiloftzaal ; de feestmaaltijd en de muziek e.d. kan niet meer afgezegd worden.
In geval van verbreking stelt de Nederlandse Wet voor deze vorderingen van schadevergoeding twee voorwaarden, namelijk :

1. Het voorgenomen huwelijk dient reeds door een 'melding' vooraf te zijn gedaan (= ondertrouw) ;

2. De vordering dient binnen 18 maanden ná afkondiging bij de rechter te worden ingesteld ;

Het is dus uitgesloten de onwillige partner het huwelijk in te sleuren, omdat hij of zij dat nu eenmaal beloofd heeft. En men dient evenmin bang te zijn, dat men zoveel schade moet betalen als men zijn trouwbelofte niet houdt, zodat men uit arrenmoede het huwelijk zou moeten instappen. Een probleem is vaak wat er met de huwelijkscadeaus moeten gebeuren die men elkaar gegeven heeft. Deze zijn in wezen gegeven voor gebruik in het aanstaande huwelijk, dan zal iedereen het redelijk vinden dat de exgeliefden ze aan elkaar teruggeven. Maar de levenservaring leert dat dit nu juist een betwist punt is en veel emoties losmaakt.

b. Het tegenhouden van een huwelijk (= stuiting van een huwelijk)

Een Ambtenaar van de Burgerlijke Stand kan weigeren indien hij of zij van mening is dat er in strijd wordt gehandeld met de openbare orde. Er zijn en aantal redenen om een aanstaand huwelijk tegen te houden, te weten :

a. Wanneer de aanstaande echtgenoten niet voldoen aan vereisten die voor een huwelijk gelden ;

b. Wanneer de 'melding' niet heeft plaatsgead ;

Wil iemand gaan trouwen met een persoon die onder curatele is geplaatst, dan kan het huwelijk ook nog tegengehouden worden wanneer hij of zij duidelijk gezien met de onder de curatele gestelde zijn of haar ongeluk tegemoet gaat.

Bij een minderjarige kan het huwelijk tegengehouden worden door het Openbaar Ministerie als deze minderjarige :

a. Voorlopig ter beschikking van de Regering is gesteld ;
b. In een inrichting is geplaatst ;
c. Voorlopig aan de Raad van de Kinderbescherming is toevertrouwd ;
d. Onder toezicht geplaatst ;

Het recht om een huwelijk tegen te houden - in wettelijke termen **'stuiten'** genoemd - hebben :

a. De bloedverwanten in de rechte lijn (vader, moeder, dochter(s), zoon(s)), broers en zusters ;
b. Voogd(en) en curator ;
c. De partner die zijn of haar partner wil afhouden van bigamie, dus van een bestaand huwelijk ;
d. De Officier van Justitie, wanneer het betreft de zojuist genoemde categorie minderjarigen en het huwelijk niet in het belang acht van deze minderjarige ;

Een voorgenomen huwelijk wordt tegengehouden door een deurwaarder een 'akte van aanzegging' (= exploot) te laten zenden naar betrokken Ambtenaar van de Burgerlijke Stand in de gemeente waar het huwelijk is afgekondigd. In de 'akte van aanzegging' dient te staan :

\# Wie het huwelijk tegenhoudt ;
\# Waaraan hij of zij de bevoegdheid van tegenhouden ontleent, bijvoorbeeld als broer of zus van de bruid of bruidegom ;
\# Waarom hij of zij het huwelijk tegenhoudt, waaraan gegronde redenen vermeld dienen te worden ;

Degene die het huwelijk tegenhoudt dient ook een afschrift van die 'akte van aanzegging' door een deurwaarder te laten afgeven aan degene wiens huwelijk tegengehouden wordt. De betrokken Ambtenaar van de Burgerlijke Stand dient dan ook zo snel mogelijk aan de afdeling 'Burgerlijke Stand' van de andere gemeenten waar ook het huwelijk is afgekondigd hiervan gewag te maken.
Door zo'n officiële 'akte van aanzegging' kan een huwelijk niet voltrokken worden. De aanstaande echtgenoot / echtgenote / partner wiens huwelijk wordt tegengehouden kan een gerechtelijke procedure daartegen beginnen. De rechtbank dient dan zo snel mogelijk een beslissing te nemen. Tegen het vonnis is een hoger beroep bij het Gerechtshof mogelijk. Een 'tegenhouding' of 'stuiting' van een huwelijk eindigt wanneer :

a. De rechter beslist dat het huwelijk ten onrechte is tegengehouden ;

b. De persoon, die het huwelijk tegengehouden heeft, zijn eis intrekt ;

7. Het nietig verklaren van een huwelijk (Non existent)

Een wettelijk burgerlijk huwelijk is in Nederland wettelijk geregeld en daarom ook beschermd. Het is echter mogelijk dat twee mensen / partners elkaar het 'jawoord' geven, zonder dat het een wettelijke bescherming geniet. Dat is het geval als bijvoorbeeld :

\# de aanstaande echtgenoten / partners hun belofte, dat zij elkaar aannemen tot echtgenoten / partners, afgelegd hebben tegenover iemand die geen beëdigd Ambtenaar van de Burgerlijke Stand of niet bevoegd in de gemeente is ;

Het huwelijk is sinds 1 januari 2001 bij de Wet toegestaan voor personen van het hetzelfde geslacht (homo- c.q. lesbisch huwelijk) en is dan ook als zodanig wettelijk beschermd. In bovengenoemd geval is er dus geen sprake van een huwelijk, dus ook niet van een huwelijk dat 'vernietigd' kan worden.

Men kan dus uitsluitend een wettelijk burgerlijk gesloten huwelijk 'nietig' verklaren, wanneer een rechter dat bij uitspraak (= beschikking) verklaard heeft. Zolang zo'n uitspraak niet gebeurd, kan men spreken van een huwelijk.

Van een 'nietig-verklaring' is bijvoorbeeld sprake indien een man en een vrouw / partners in Nederland ten overstaan van een Ambtenaar van de Burgerlijke Stand verklaard hebben elkaar tot echtgenoten / partners, maar daarbij niet voldoen aan de vereisten van een huwelijk, zoals bijvoorbeeld :

Men is te jong ;
Men heeft geen toestemming van de ouders, voogden e.d. ;
Men is geestelijk gestoord ;

Ook zal een huwelijk 'vernietigbaar' zijn wanneer aan bepaalde formele vereisten niet voldaan is, zoals bijvoorbeeld :

De (Buitengewoon) Ambtenaar van de Burgerlijke Stand was onbevoegd ;
Er waren te weinig getuigen of een gemis aan getuigen ;
Er was een gemis aan wettelijke vereisten ;
Bij bedreiging en dwaling ;
Als het in strijd is met de Nederlandse openbare orde ;

Ook kan een echtgenoot / partner een 'nietigverklaring' van zijn huwelijk vorderen, wanneer hij of zij getrouwd is onder ernstige bedreiging of 'gedwaald' heeft in de persoon met wie hij of zij trouwde of in de betekenis van de verklaring die hij of zij aflegde.

Het recht om een huwelijk door een rechter 'nietig' te laten verklaren hebben :

\# De bloedverwanten in de opgaande lijn van één der echtgenoten / partners ;
(vader, moeder, grootmoeder, grootvader e.d.)
\# Alle overige personen, die daarbij een onmiddelijk rechtsbelang hebben, echter alleen ná de ontbinding van het huwelijk ;
\# De partner wiens man of vrouw door het huwelijk bigamie pleegt, zolang zijn of haar huwelijk met de bigamist(e) nog in stand is ;
\# Het Openbaar Ministerie (OM), echter zolang het huwelijk niet is ontbonden ;

Echter een 'nietigverklaring' van een huwelijk wordt door de Wet wel beperkt. Wanneer de echtgenoten / partners zes (6) maanden samengewoond hebben, kan in de meest gevallen geen 'nietigverklaring' van het huwelijk meer aan de rechter gevraagd worden. Als ook het 'treurjaar' niet in acht is genomen of als iemand met een 'onder curatele gestelde' getrouwd is, waarbij men vreest dat het huwelijk vermoedelijk zijn ongeluk zal veroorzaken, kan men geen 'nietigverklaring' vorderen.

Wanneer echter de echtgenoten / partners te nauw aan elkaar verwant zijn, dan bestaat er wel de mogelijkheid een 'nietigverklaring' alsnog te vorderen.

Een 'nietigverklaring' geschiedt altijd door middel van een procedure voor de Rechtbank van het Arrondissement waarin de betrokken echtgenoten / partners wonen. De uitspraak (= beschikking) waarbij de rechter het huwelijk 'nietig' verklaart, werkt terug tot het tijdstip van de wettelijke huwelijksvoltrekking.

De terugwerkende kracht is niet van toepassing ten aanzien van de kinderen die uit dat huwelijk zijn geboren, noch van de andere echtgenoot / partner die bij de huwelijksvoltrekking te goeder trouw was.

De uit het huwelijk geboren kinderen blijven dus voor de Wet wettige kinderen en behouden de rechten op de erfenis van hun ouders.

De echtgenoot / echtgenote / partner die te goeder trouw was, heeft recht op alimentatie en aanspraak op de voogdij over de kinderen. Het komt er dus op neer dat hij of zij dezelfde rechten kan claimen als wanneer het huwelijk door echtscheiding ontbonden was, doch er is nog een belangrijk feit wat men niet over het hoofd mag zien. In geval van bigamie heeft de gedupeerde, dus tweede echtgenoot / echtgenote / partner geen recht op de helft van de boedel, anders zou de eerste (wettige) echtgenoot / echtgenote / partner benadeeld worden.

Ook worden andere personen, die niet wisten dat het huwelijk 'nietig' was en rechten in verband met het huwelijk gekregen hebben, door de Wet beschermd.

8. De wettelijke voltrekking van het huwelijk

Een huwelijksvoltrekking is een openbare zaak en iedereen mag er bij tegenwoordig zijn. In ieder geval dienen er tenminste twee (2) en ten hoogste vier (4) meerderjarige getuigen tegenwoordig zijn. Deze getuigen behoeven geen Nederlanders te zijn of bloed- en/ of aanverwanten.

Onzeker is of personen die toestemming voor een huwelijk moeten geven, bijvoorbeeld de ouders, tegelijk ook getuigen mogen zijn.

Je mag maar één keer als 'partij' vertegenwoordigd zijn, mits er vooraf een schriftelijke toestemming is afgegegeven.

Vóórdat partners besluiten tot een wettelijk burgerlijk huwelijk over te gaan, dienen eerst nog wel een aantal formaliteiten afgewikkeld te worden.

Ook moet blijken dat tijdens de 'melding' het huwelijk niet **'gestuit'** is, dan wel een gedane **'stuiting'** is afgelopen.

Wanneer er géén 'akte van geboorte' overlegd kan worden is het ook mogelijk en zogenaamde **'akte van bekendheid'** te overleggen. Deze **'akte'** wordt door de Kantonrechter afgegeven op verklaring van vier (4) meerderjarige getuigen.

Kan men niet aan zo'n 'akte' komen dan is het mogelijk dat vier (4) meerderjarige getuigen bij het huwelijk verklaren **waar** en **wanneer** de betreffende aanstaande echtgenoot / echtgenote / partner geboren is en waarom er geen 'akte van geboorte' is afgegeven of kan worden overlegd, zoals bijvoorbeeld : een partner die in het buitenland geboren is en het onmogelijk is daarvan een bewijs te krijgen. Tenslotte is er nog een mogelijkheid dat de betreffende echtgenoot / echtgenote / partner zelf een beëdigde verklaring aflegt **hoe** het komt dat hij of zij geen 'akte van geboorte' of een 'akte van bekendheid' kan overleggen. Minderjarigen en zij die onder curatele zijn gesteld dienen bovendien een 'akte' te overleggen, waaruit blijkt dat zij de vereiste toestemming voor het huwelijk hebben. Deze **'akte van toestemming'** kan worden gemaakt door een notaris of door de Ambtenaar van de Burgerlijke Stand in de betrokken gemeente. Ook kan die 'toestemming' bij het huwelijk zelf worden gegeven, doch hiervan dient in de huwelijksakte melding van worden gemaakt.

Is één of beide ouders overleden, dan moet ook aan de Ambtenaar van de Burgerlijke Stand een 'akte van overlijden' worden overhandigd.

Ingeval van een tweede of een verder huwelijk dient de betreffende a.s. echtgenoot / echtgenote / partner een bewijsstuk aan de Ambtenaar van de Burgerlijke Stand te overleggen, dat aantoont dat het vorige huwelijk geen beletsel voor het nieuwe huwelijk is.

Hebben de aanstaande echtgenoten / partners ontheffing van het leeftijdsvereiste gekregen, dan zullen zij die beschikking, waarbij zij ontheffing hebben gekregen, aan de Ambtenaar van de Burgerlijke Stand dienen te overleggen. Hetzelfde geldt dus ook voor een adoptief broer en zuster, die volgens de Wet ook een speciale ontheffing nodig hebben.

Aan de hand van al deze gegevens c.q. akten en bewijs-stukken kan de Ambtenaar van de Burgerlijke Stand na-gaan of de aanstaande echtgenoten / partners aan alle ver-eisten voor een huwelijk voldoen.

Is de Ambtenaar van de Burgerlijke Stand van mening dat **niet** aan alle vereisten is voldaan, dan zal hij of zij in zo'n geval moeten weigeren het huwelijk te voltrekken.

Gedupeerde partners hebben in dat geval altijd het recht zich met een verzoekschrift tot de Rechtbank in het be-trokken Arrondissement te wenden, waarin zij aan de rechter vragen, de stukken, die zij aan de betreffende Ambtenaar van de Burgerlijke Stand overlegd hebben, 'genoegzaam' te verklaren.

Van de beschikking van de Rechtbank kunnen zowel de aanstaande echtgenoten / partners als de Ambtenaar van de Burgerlijke Stand in hoger beroep gaan bij het Ge-rechtshof. Met name zullen zich problemen voordoen in-dien één der echtgenoten / partners buitenlander is. In beginsel zal deze personen van vreemde nationaliteit ook dienen te voldoen aan alle vereisten die de Nederlandse Wet in zijn of haar land aan een huwelijk stelt.

Zo kan het zijn dat iemand een speciale machtiging van zijn Regering moet hebben om met een vreemdeling te trouwen. De Ambtenaar van de Burgerlijke Stand zal in zo'n geval, wanneer die machtiging niet overlegd kan worden, weigeren het huwelijk te voltrekken, doch de rechter kan wel beslissen en oordelen dat de betrokken stukken wel 'genoegzaam' zijn. De Ambtenaar van de Burgerlijke Stand is dan verplicht het huwelijk te voltrekken.

Op zijn vroegst kan een huwelijk de veertiende (14^e) dag ná huwelijksaangifte voltrokken worden, maar om gewichtige redenen, zoals bijvoorbeeld bij zwangerschap, ernstige ziekten e.d., kan de Officier van Justitie niet alleen deze wachttijd, maar ook de afkondiging zelf vrijstelling verlenen. Alles overziende wat het wettelijk burgerlijke huwelijk betreft zijn dan ook de volgende papieren nodig zijn :

Uittreksel uit het geboorteregister van de geboortegemeente

Indien men geboren is in het buitenland dan dient men het geboortedocument aldaar aan te vragen. Indien de geboorteakte in een andere taal is gesteld dan in het Duits, Frans, Engels of Nederlands, dan dient deze vertaald te worden door een beëdigd vertaler of door een international uittreksel. Sommige landen geven dan een legalisatie of een **apostille** *) af.

*) **Apostille** is een kanttekening op een akte met het doel advies te geven of te vragen.

Uittreksel uit het persoonsregister van de woonplaats, waaruit blijkt

* De burgerlijke staat ;
* De nationaliteit ;
* Eventuele alle vorige echtgenoten / partners ;
* Indien men vanuit het buitenland zich in Nederland gevestigd heeft op een al huwbare leeftijd bewijst dat men ongehuwd of niet meer gehuwd het desbetreffende land heeft verlaten ;

Indien men eerder gehuwd bent geweest

~ Uittreksel uit het echtscheidingsregister als het vorige huwelijk ontbonden is door echtscheiding. Dit uittreksel is verkrijgbaar in de gemeente waar het huwelijk destijds heeft plaatsgevonden. Indien het huwelijk is ontbonden in het buitenland dient men dit document aldaar aan te vragen. Indien de echtscheiding in een andere taal is gesteld dan in het Duits, Frans, Engels of Nederlands, dan dient deze door een beëdigd vertaler hier ten lande vertaald te worden. Voor een aantal landen is het voorgeschreven dat de echtscheidingsakte moet worden gelegaliseerd door de buitenlandse autoriteiten en de Nederlandse Ambassade of Consulaat aldaar.

~ Uittreksel uit het overlijdensregister, als het vorige huwelijk is ontbonden door het overlijden van echtgenoot

/ echtgenote/partner. Dit uittreksel is verkrijgbaar in de gemeente waar het overlijden destijds heeft plaatsgevonden.

Indien het overlijden in het buitenland heeft plaatsgevonden dient men dit document aldaar aan te vragen. Indien de overlijdensakte in een andere taal is gesteld dan in het Duits, Frans, Engels of Nederlands, dan dient deze vertaald te worden door een beëdigd vertaler hier ten lande. Voor een aantal is het voorgeschreven dat de over lijdensakte moet worden gelegaliseerd door de buitenlandse autoriteiten en de Nederlandse Ambassade of Consulaat aldaar.

 # Uittreksel uit het Register van de huwelijksaangifte
(Kan pas gemaakt worden nadat men in ondertrouw is gegaan)

Het huwelijk dient voltrokken te worden in het gemeentehuis of in een door Burgemeester, Wethouders en Gemeenteraad toegewezen locatie of ruimte in de gemeente. Kan één der echtgenoten / partners aantonen dat hij of zij niet in staat is naar die betreffende trouwlocatie of trouwruimte te komen, dan mag het huwelijk in een particulier huis of ruimte voltrokken worden, mits de Ambtenaar van de Burgerlijke Stand daar zijn goedkeuring aan geeft.

Hij of zij zal dat doen wanneer één der echtgenoten / partners ziek, gehandicapt of oud is, in een inrichting verblijft of in een gevangenis zit.

In deze gevallen behoeft de huwelijksvoltrekking een zekere openbaarheid, maar daar staat tegenover dat de Nederlandse Wet bij een huwelijksvoltrekking in een z.g. 'bijzonder huis' zes meerderjarige getuigen voorschrijft.

Het huwelijk wordt door de aanstaande echtgenoten / partners **zelf** voltrokken ten overstaan van de (Buitengewoon) Ambtenaar van de Burgerlijke Stand en in tegenwoordigheid van de getuigen. Zij doen dit door te verklaren :

" Dat zij elkander aannemen tot echtgenoten en getrouw alle plichten zullen vervullen, die door de Nederlandse Wet aan de huwelijkse staat worden verbonden" (art. 67 BW)

Daarna verklaart de (Buitengewoon) Ambtenaar van de Burgerlijke Stand dat zij door het uitspreken van de wettelijke trouwbelofte (= **jawoord**) aan elkander zijn verbonden.

De Ambtenaar van de Burgerlijke Stand maakt daarvan een schriftelijk bewijsstuk (= de trouwakte), die dan vervolgens door de echtgenoten / partners, eventueel de ouders, de getuigen en de (Buitengewoon) Ambtenaar van de Burgerlijke Stand worden ondertekend.

De huwelijksakte of trouwakte

Een huwelijksakte betekent volgens het Nederlands recht een officieel ondertekend geschrift om tot bewijs te dienen dat een bepaald huwelijk of partnerschap op een bepaalde datum tussen twee (2) personen / partners is gesloten.

De huwelijksakte wordt ondertekend door bruid en bruidegom / partners, door de op de akte vermelde getuigen (minimaal twee en maximaal vier), door de ouders, mits die ouders toestemming voor het huwelijk moeten geven (art. 35 BW) en door de beëdigde (Buitengewoon) Ambtenaar van de Burgerlijke Stand.

De huwelijksakte wordt altijd in tweevoud getekend. Één exemplaar blijft in het archief / register van de afdeling Burgerzaken van de betreffende gemeente waar het huwelijk gesloten is en één exemplaar gaat naar het 'Rijks-archief Centrale Bewaarplaats' in Almelo.

De voorschriften met betrekking tot de huwelijksakte zijn in overeenstemming gebracht met de 'Aanbeveling in-zake Harmonisatie van de Akten' en opgenomen in het Burgerlijk Wetboek.

In het eerste gedeelte wordt opgenomen de geslachtsna-men van de echtgenoten / partners vóór en ná het slui-ten van het huwelijk. Deze vermelding is noodzakelijk in de vele gevallen waarin één of beide niet-Nederlandse echtgenoten / partners, hetzij van rechtswege, hetzij door keuze, een van hun eerdere naam afwijkende huwelijks-naam verkrijgen. Deze huwelijksnaam wordt in de hui-dige praktijk in de vorm van een latere vermelding aan de huwelijksakte toegevoegd. Vermelding in de akte zelf is te prefereren in het normale geval, waarin de verkrijging op het tijdstip van het huwelijk plaatsvindt.

Ten aanzien van de namen van de ouders van de echt-genoten / partners zijn aangetekend dat daarvoor bepa-lend is het tijdstip waarop de akte wordt opgemaakt : de akte is een momentopname van de situatie ten tijde van de huwelijksvoltrekking.

Mede in het licht van het resultaat van de internationale harmonisatie zijn de in het derde gedeelte op te nemen vermeldingen aan een kritisch onderzoek onderworpen.

De functie van de getuigen bij het huwelijk heeft in de loop der tijden haar bewijsrechtelijke betekenis groten-deels verloren. In de praktijk valt men voor het bewijs van het bestaan van het gesloten huwelijk nimmer meer op de getuigen terug. Bovendien zijn dezen aan de hand van de over hen opgenomen gegevens veelal niet meer te traceren of te achterhalen.

Volgens de nieuwe regels staan de namen van de getuigen weer in de huwelijksakte vermeld en deze dienen de akte dan ook te ondertekenen.

Mede gelet op het feit dat getuigen in vrijwel alle West-Europese landen vereist zijn, is besloten het terzake bepaald in artitel 5 te handhaven, met dien verstande dat in onderdeel II van het wetsvoorstel werd voorgesteld artikel 58 van het BW aan te vullen met het voorschrift dat vóór de huwelijksvoltrekking aan de Ambtenaar van de Burgerlijke Stand een schriftelijke opgave dient te worden verstrekt van de namen, persoonlijke gegevens en de adresssen van de uitgenodigde getuigen.

Conform de 'Aanbeveling van de Internationale Commissie voor de Burgerlijke Stand' inzake de 'Harmonisatie van de Akten' wordt afgezien van het vermelden van de getuigen in de huwelijksakte.

Uit artikel 68, boek I van het BW volgt dat de (Buitengewoon) Ambtenaar van de Burgerlijke Stand, alvorens door de aanstaande echtgenoten / partners de verklaring te laten afleggen, zich dient te vergewissen van de aanwezigheid van de getuigen.

De toestemming tot het aangaan van een huwelijk, die ter gelegenheid van de huwelijksvoltrekking is gegeven, en dus niet in een afzonderlijke akte is neergelegd, dient in het derde gedeelte van de akte te woren vermeld. Ook de vermoedelijke nationaliteit van een niet-Nederlandse huwelijkspartner is een nuttig gegeven, voor de vermelding waarvan het derde gedeelte plaats biedt.

Overeenkomstig de voorstellen van de 'Commissie Regelgeving Burgerlijke Stand' is bij de schrapping voorgesteld van artikel 64 BW, 2^e lid, boek I, de bepaling moet worden geacht in strijd te zijn met de huidige normen ter zake van de bescherming van de privacy, als neergelegd in onder meer artikel 8 in het 'Europees Verdrag van de Rechten van de Mens'. (= EVRM).

In verband hiermede dient achterwege te blijven de vermelding in de huwelijksakte van de omstandigheid dat het huwelijk in een bijzonder huis is voltrokken.

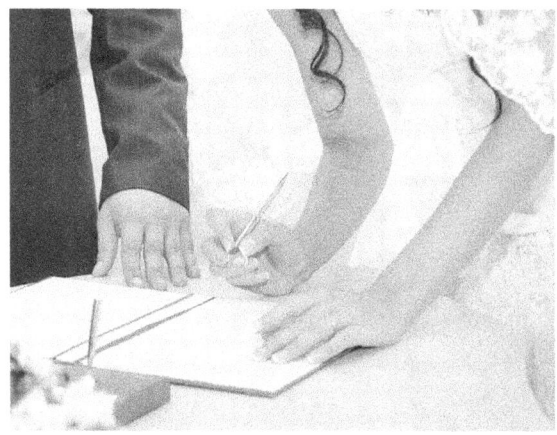

Volgens de 'Aanbeveling, inzake Harmonisatie' wordt in de Staatsakte van het huwelijk opgenomen de vermelding van de Ambtenaar van de Burgerlijke Stand die, na verklaard te hebben dat de echtgenoten / partners door de echt aan elkander zijn verbonden.

De belangrijkste verandering in de huwelijksakte betreft de situatie van de getuigen. Gegevens van de getuigen worden dus niet meer in de huwelijksakte opgenomen. Getuigen dienen nog wel bij de huwelijksvoltrekking aanwezig te zijn, maar dat is dan meer bij wijze van ceremonie. Hun status als 'partij' is dus komen te vervallen. Ook door de Wet voorgeschreven huwelijksverklaringen en de uitspraak van de (Buitengewoon) Ambtenaar van de Burgerlijke Stand worden niet meer als zodanig opgetekend in de huwelijksakte.

De trouwringen

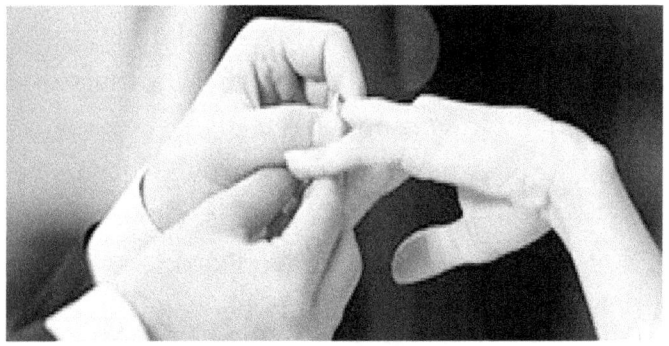

Vele mensen denken dat het geven en het omschuiven van trouwringen bij de wettelijke huwelijksvoltrekking horen, doch niets is minder waar.

Het bij elkaar omschuiven van de trouwring heeft niets met het wettelijk of kerkelijk huwelijk te maken. Als er trouwringen aan elkaar worden gegeven is dit een wezen der zaak een aparte trouwbelofte die echtgenoten / partners nog eens persoonlijk tegenover elkaar bevestigen. In de trouwzaal vindt derhalve twee huwelijksceremonies plaats :

1. De wettelijke huwelijksvoltrekking ;
2. De persoonlijke huwelijksvoltrekking ;

Aan de ring is van oudsher een religieuze en magische betekenis toebedacht. Bij de vele volkeren was en is de ring een symbool van eeuwigheid en oneindigheid, omdat hij begin noch einde heeft. Ook is de ring een symbool van bestuursmacht of geldt als symbool van beloften, trouw en van bindingskracht.
Zolang de mensheid bestaat heeft men de ring altijd be schouwd als een magisch en mystiek symbool en werd er ooit beweerd dat de ring verwant was aan de vijftiencentimeter brede armbanden waarmee jaloerse echtgenoten eeuwen geleden hun vrouwen thuis vastketenden of er werd ook gezegd dat de ring een overblijfsel zou zijn van een middeleeuws bewijs van slavernij en horigheid. Of de ring ook dit dierbare kleinood in verband zou kunnen brengen met de voetketenen van de galeiboeven en de blokken aan de benen van gevangenen en die hun vrijheidsdrang ernstig konden belemmeren is in de historie geen enkel bewijs te vinden.
De trouwring geldt eigenlijk als symbool van onkwetsbaarheid. Hij is betoverend, liefde opwekkend en hij geldt

in het bijonder als proefsteen van de echtelijke en kame-
raadschappelijke trouw.

Vele huwelijkspartners hebben om die reden het geven
van een trouwring aan hun wettelijk burgerlijk of kerkelijk huwelijk gekoppeld.

De trouwring wordt dan ook gebruikt om de genegenheid van de één tot de ander uit te drukken. Hij is het
symbool van verbondenheid, die niet weg te denken is op
de huwelijksdag.

De trouwring wordt ook vaak vergeleken met het leven
zelf, want hij is de boodschapper én de vertolker van de
liefde die bruid en bruidegom / partners ook voor elkaar
voelen en hij vormt een onmisbaar element in beider bestaan, want de trouwring blijft namelijk de echtgenoten /
partners herinneren aan de afgelegde belofte van trouw

aan elkaar. Verliezen ze hem, dan kan dat ervaren worden als een emotioneel gebeuren.

Het gebruik de vierde vinger als 'ringvinger' te gebruiken, dat schijnt verband te houden met het oude volksgeloof dat van deze vinger een ader naar het hart zou lopen.

De trouwringen worden in bijna alle gevallen direct ná de wettelijke burgerlijke of kerkelijke huwelijksvoltrekking bij elkaar omgeschoven.

Bij een wettelijk burgerlijk huwelijk geschiedt dit aan de **rechter ringvinger** en bij een kerkelijk huwelijk aan de **linker ringvinger.**

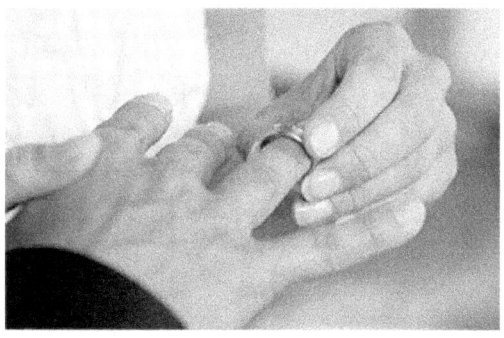

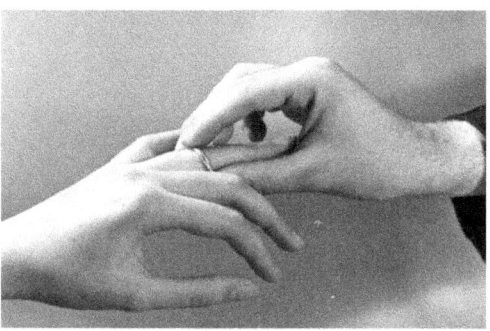

De wettelijke burgerlijke huwelijksvoltrekking

Ná het welkomstwoord en de eventuele toespraak vindt de wettelijke huwelijksvoltrekking plaats door het uitspreken van de trouwbelofte of te wel het **jawoord** door de echtgenoten / partners.

Indien het huwelijk met toestemming van de ouders moet plaatsvinden dan dient de (Buitengewoon) Ambtenaar van de Burgerlijke Stand eerst aan deze hun toestemming te vragen, alvorens over te gaan tot de trouwbelofte / jawoord. Het vragen om deze toestemming gaat als volgt :

*** Mijnheer en Mevrouw **X**............, geeft U Uw toestemming tot het huwelijk van Uw Zoon **X**............ met **X** .... ?

Wat is daarop Uw antwoord ?

*** Mijnheer en Mevrouw **X**............, geeft U Uw toestemming tot het huwelijk van Uw dochter **X** .... met **X** ....?

Wat is daarop Uw antwoord ?

Is deze toestemming niet aan de orde, dan volgt de (Buitengewoon) Ambtenaar van de Burgerlijke Stand de volgende procedure :

X .... en Y .... mag ik jullie verzoeken van jullie zitplaats op te staan, elkaar de **rechterhand** te geven en mij te antwoorden op de volgende vragen :

*** **X** .... neem je aan tot je wettige echtgenote / partner **Y** .... en ben je voornemens getrouwelijk de plichten te zullen vervullen, welke de Nederlandse Wet aan de huwelijkse staat heeft verbonden ?

Wat is daarop je antwoord ?

*** **Y** .... neem je aan tot je wettige echtgenoot / partner **X** .... en ben je voornemens getrouwelijk de plichten te zullen vervullen, welke de Nederlandse Wet aan de huwelijkse staat heeft verbonden ?

Wat is daarop je antwoord ?

Na het beider uitgesproken jawoord, eindigt de (Buitengewoon) Ambtenaar van de Burgerlijke Stand met :

Dan verklaar ik als (Buitengewoon) Ambtenaar van de Burgerlijke Stand van de gemeente **X**.........dat het huwe - lijk is voltrokken van :

X....... en **Y** ......

Ik wens dan ook dat jullie beiden de kracht geschonken mag worden om de zo juist afgelegde belofte tot in lengte van dagen trouw te blijven.

Overhandigen en omschuiven van de trouwringen

Dan volgt de ceremonie van het omschuiven van de trouwringen. Deze kunnen door de (Buitengewoon) Ambtenaar van de Burgerlijke Stand aangegeven worden of het bruidspaar heeft daarvoor een speciaal iemand uitgekozen die dan de ringen overhandigd.

De symboliek van de trouwringen

Een ontmoeting werd vriendschap
Vriendschap werd liefde
Liefde werd trouw

Voorbeeld

X........ en Y......... aan jullie trouwbelofte hebben jullie het geven van een trouwring gekoppeld. Is het elkaar geven van zo'n ring dan wel zo belangrijk ?
We denken van wel, want de ringen, die jullie zo direct bij elkaar zullen omschuiven drukken jullie vriendschap, verbondenheid en genegenheid uit van de één tot de ander en zij zijn het symbool van jullie liefde en trouw.
Jullie ringen worden in de symboliek vergeleken met de kringloop der seizoenen en worden ook in verband gebracht met de oneindigheid van het leven, maar ook met jullie kosmische en goddelijke verbondenheid.
Jullie ringen vertegenwoordigen in principe jullie leven zelf. Zij zijn de 'boodschappers' van jullie liefde voor elkaar en zij zullen jullie blijven herinneren aan de afgelegde belofte van trouw van vandaag.

Jullie trouwringen zullen worden aangereikt door :

X...... ?

Voorlezen van de huwelijksakte

Indien jullie weer willen gaan zitten, dan zal ik de huwelijksakte, die van jullie huwelijk is opgemaakt, voorlezen en die ik jullie en de aanwezige getuigen daarna ter ondertekening zal voorleggen.

De (Buitengewoon) Ambtenaar hoeft niet altijd de akte voor te lezen, doch hij of zij kan ook een andere tekst gebruiken, zoals hieronder met een voorbeeld wordt aangegeven :

Heden (dag ....), (datum) .... , zijn voor mij, (Buitengewoon) Ambtenaar van de Burgerlijke Stand van de gemeente **X**............ , in het openbaar in deze trouwzaal verschenen, teneinde een wettelijk burgerlijk huwelijk aan te gaan :

  X .... (naam van de bruidegom)
       &
  Y .... (naam van de bruid)

Ik heb **X** .... en **Y** .... gevraagd of zij elkaar wettelijk wilden aannemen tot echtgenoten (partners) en of zij getrouwelijk alle plichten wilden vervullen, welke door de Nederlandse Wet aan de huwelijkse staat verbonden zijn.

Nadat zij dit bevestigend hebben beantwoord, heb ik, als (Buitengewoon) Ambtenaar van de Burgerlijke Stand van de gemeente ...., in naam der Wet verklaard, dat zij door het wettelijk burgerlijk huwelijk aan elkaar zijn verbonden. Van deze wettelijke bevestiging is door de gemeente .... een akte opgemaakt, die nu door **X** .... en **Y** ...., de getuigen en door mij zal worden ondertekend.

Na de ondertekening van de akte zal in de meeste gevallen de (Buitengewoon) Ambtenaar van de Burgerlijke Stand een korte toespraak houden of een feestelijk woord tot het bruidspaar richten om vervolgens het trouwboekje overhandigen en zijn felicitaties doen toekomen.

De huwelijksvoltrekking voor buitenlanders

In de tijd als de onze, waarin de intermenselijke verhoudingen zich hoe langer hoe meer ontwikkelt, krijgt ook het
trouwen een extra dimensie. Mensen zullen zich steeds
sneller, comfortabeler en betaalbaarder over de wereld
verspreiden.

Gastarbeiders, vluchtelingen, asielzoekers, illegalen en
ontheemden zullen zich steeds meer in economische en
rijke landen melden. Ook alle bestaande landsgrenzen
lijken weg te vallen, zodat een denkbeeldige versmelting
van volkeren haast niet meer weg te denken is.

Dit alles houdt in dat er ook steeds meer huwelijken zullen plaatsvinden tussen partners uit verschillende landen, uit verschillende culturen en uit verschillende ras-
sen.

Het gevolg hiervan is dat ook afdelingen 'Burgerlijke Zaken' van Nederlandse gemeenten zich zullen dienen aan te passen aan deze zogenaamde 'niet-Nederlanders' of 'niet-Nederlands-sprekende personen'. Zij zullen rekening dienen te gaan houden en hen ter wille moeten zijn in hun wensen, die vaak worden ingegeven door karakter, persoonlijkheid, cultuur, landaard en gewoonten en het internationaal privaatrecht. Dit alles volgens de regels der kunst te kunnen doen is allesbehalve eenvoudig.

Het aanpassen en zich toch houden aan de Nederandse wetgeving vereist veel en veel meer dan buitenstaanders verwachten

Zo ook met de uitvoering van het wettelijk burgerlijk huwelijk. Een (Buitengewoon) Ambtenaar van de Burgerlijke Stand ontkomt er heden ten dage niet meer aan om ook huwelijken te voltrekken van 'niet-Nederlandse' of 'niet-Nederlands-sprekende' partners.

Het huwelijk voltrekken in de Duitse, Franse of Engelse taal zal in de meeste gevallen geen problemen ople--veren, maar een huwelijk voltrekken in een andere dan de reeds genoemde talen zal wel degelijk problemen opleveren. Van de (Buitengewoon) Ambtenaar van de Burgerlijke Stand wordt dan ook veel kundigheid vereist en zal zich dan ook soms dienen te verdiepen in dit soort zaken om een juiste en goede uitvoering van zo'n huwelijk te laten slagen.

9. De algemene indeling van een huwelijksvoltrekking

Voor een huwelijksvoltrekking bestaan geen algemeen geldende regels of voorschriften, maar in bijna alle gevallen zou men als (Buitengewoon) Ambtenaar van de Burgerlijke Stand, het onderstaande schema kunnen hanteren :

Stap 1 : Binnenkomst in de trouwzaal

In de meeste gemeentehuizen is het de gewoonte dat de **gemeentebode *)** het bruidspaar en het gevolg ontvangt en hen naar bestemder plaatse in de trouwzaal begeleidt. Het binnenkomen kan op diverse manieren geschieden. In vele gevallen komt eerst het bruidspaar binnen en daarna het gevolg. Andersom gebeurt ook. Een andere wijze is dat reeds de bruidegom met gevolg binnen is en dat de bruid door haar vader aan de bruidegom wordt gegeven. Deze komen dan later binnen. In ieder geval dient de (Buitengewoon) Ambtenaar van de Burgerlijke Stand dit te bespreken met het bruidspaar. Het weggeven van de bruid door haar vader is een van de meest emotionele momenten van de trouwdag, want levensfases veranderen voor zowel de bruid als de ouders van de bruid. Het is een moment van 'loslaten'. Vroeger was het zo dat de bruid werd weggegeven in ruil voor een bruidsschat. Deze bestond uit vee, goederen of geld. Gelukkig is het niet meer zo dat de vader van de bruid met de bruidegom moet onderhandelen. Nu is het zo dat de vader van de bruid met haar aan zijn arm zijn dochter kan wegeven, omdat hij volledig achter de keuze van haar partner en het huwelijk van zijn dochter staat.

*) Een **gemeentebode** (mannelijk of vrouwelijk) is een ambtenaar die werkzaamheden verricht met name voor het College van Burgemeester en Wethouders en de gemeenteraad. Ook verzorgt en coördineert hij of zij de gang van zaken bij huwelijksvoltrekkingen in het stadhuis of andere gemeentelijke huwelijkslocaties.

Stap 2 : Aanwezigheid van de (Buitengewoon) Ambtenaar van de Burgerlijke Stand

De (Buitengewoon) Ambtenaar van de Burgerlijke Stand komt meestal binnen nadat iedereen is gezeten en de gemeentebode hem of haar heeft opgehaald.

Sommige (Buitengewoon) Ambtenaren van de Burgerlijke Stand ontvangen het bruidspaar met gevolg bij binnenkomst in de trouwzaal. Hij of zij maakt dan kennis met het bruidspaar en eventuele ouders, terwijl de gemeentebode de getuigen en het gevolg de plaatsen aanwijst

Stap 3 : Het woord van welkom

De (Buitengewoon) Ambtenaar van de Burgerlijke Stand begint uiteraard het bruidspaar welkom te heten, vervolgens de eventuele ouders, de getuigen, speciale genodigden, familieleden, vrienden, vriendinnen, kennissen en eventuele bekenden.

Stap 4 :   de toespraak vóór de wettelijke formaliteiten

Voor vele (Buitengewoon) Ambtenaren van de Burgerlijke Stand is het gebruikelijk ná het welkomstwoord eerst een inleidende toespraak te houden en zo naar het hoogtepunt van de huwelijksvoltrekking - **het jawoord** - toe te werken. Anderen beginnen gelijk ná het welkomstwoord met de wettelijke formaliteiten en brengen dan alles in hun toespraak ná die formaliteiten.

Stap 5 :   De wettelijke formaliteiten

Hieronder verstaat men de wettelijke huwelijksvoltrekking waarin de aanstaande echtgenoten / partners elkaar trouw beloven door het duidelijk uitspreken van hun wettelijk 'ja- woord'.

Stap 6 :   De persoonlijke trouwbelofte

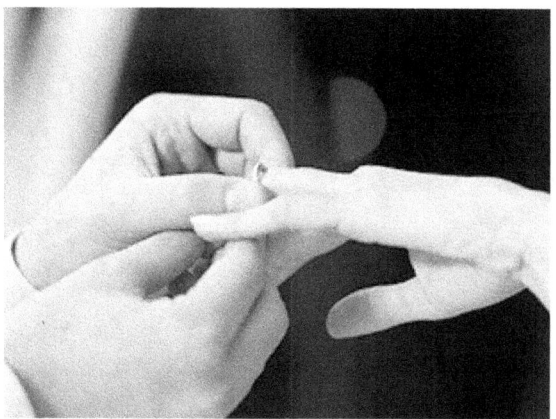

Hieronder verstaat men het overhandigen of het omschuiven van de trouwringen. Dit onderdeel is geen verplichting en heeft dan ook als zodanig niets te maken met
het wettelijk huwelijk, doch het is een zuiver persoonlijk
iets. De trouwring drukt namelijk de genegenheid uit van
de één tot de ander en zij zijn het symbool van trouw en
verbondenheid.

Stap 7 : De voorlezing en ondertekening van de trouw- of huwelijksakte

Nadat het jawoord is uitgesproken en het omschuiven van
trouwringen heeft plaatsgevonden, wordt de zogenaamde 'trouwakte' voorgelezen, waarna de ondertekening kan
plaatsvinden. Deze trouwakte wordt ondertekend door
het bruidspaar, eventueel door degenen die toestemming
voor het huwelijk moeten geven, door de getuigen en de
(Buitengewoon) Ambtenaar van de Burgerlijke Stand.

Sinds 1 januari 1974 is het echter niet meer verplicht om de trouwakte voor te lezen. Men kan namelijk het bruidspaar laten kiezen of de akte in zijn geheel of gedeeltelijk voorgelezen moet worden.

Sommige (Buitengewoon) Ambtenaren van de Burgerlijke Stand hebben een op eigen wijze een oplossing gevonden van het probleem en hebben een eigen invulling er aan gegeven.

Stap 8 : De toespraak ná de wettelijke formaliteiten

Ná de voltrekking zal de (Buitengewoon) Ambtenaar van de Burgerlijke Stand het bruidspaar geluk en voorspoed toewensen, waarna hij of zij en korte of een wat langere toespraak zal houden. In vele gevallen wordt dit wel op prijs gesteld.

Stap 9 : De uitreiking van het trouw- of huwelijksboekje en het feliciteren van het bruidspaar, de eventuele ouders en getuigen

Het uitreiken van het trouwboekje - een belangrijk wettelijk document - kan gebeuren ná de ondertekening van de huwelijksakte, doch veelal is het gebruikelijk dit te doen aan het einde van de plechtigheid. Bij het overhandigen feliciteert de (Buitengewoon) Ambtenaar van de Burgerlijke Stand het bruidspaar met een handdruk en reikt het trouwboekje aan de bruid of bruidegom uit. Daarna feliciteert hij of zij ook de eventuele ouders en de getuigen middels een handdruk en de overige genodigden via het woord, om daarna de trouwzaal te verlaten. Sommige (Buitengewoon) Ambtenaren van de Burgerlijke Stand blijven echter in de trouwzaal terwijl het bruidspaar en de genodigden de trouwzaal verlaten.

Geschiedenis van het trouwboekje

Vanaf 1811 was het verplicht om van geboorten, huwelijk, echtscheiding, overlijden aangifte te doen bij de Burgerlijke Stand van de desbetreffende gemeente. Bij het huwelijk kreeg men aanvankelijk een geschreven huwelijksbewijs. In het derde kwart van de 19e eeuw begonnen gemeenten een trouwboekje af te geven. Dit werd een algemeen gebruik, maar het was niet wettelijk voorgeschreven.

Tot de invoering van de Burgerlijke Stand was er veel variatie in namen. Achternamen, als ze al bestonden, hoefden niet erfelijk te zijn. Iemand kon in het dorp bekend zijn als Jan de Bakker (naar zijn beroep), of Jannes Withuis (omdat hij in een wit huis woonde), of als Jan Hendriks (omdat zijn vader Hendrik heette). Deze namen bleven ook later bestaan en veel mensen (vooral ongeletterden) wisten niet of nauwelijks onder welke naam ze officieel ingeschreven waren.

Vele mensen leven in de veronderstelling dat alle familienamen uit de Napoleontische tijd stammen. Maar dat is niet zo, want eeuwen voordat de Franse keizer bepaalde dat in zijn keizerrijk elke inwoner een vaste familienaam moest dragen, trof men al familienamen in vele landen, dus ook in ons land aan. In de Middeleeuwen, toen de zeer adellijke families hun gerenommeerde namen voerden, waren er al burgers (bourgeois) in de steden en 'vrije' boeren op het platteland die een familienaam voerden. Maar toch waren er velen die nog zonder familienaam door het leven gingen. Achter hun 'voornaam' voerden de meesten een z.g. "patroniem", dat wil zeggen de 'voornaam' van de 'vader' aangevuld met de letter 's'(= zoon) of 'se'(= dochter) of het achtervoegsel 'zn' (= zoon) of 'dr' (= dochter), zoals men ook in vele stambomen van vóór 1811 zult aantreffen. Anderen werden met een 'bijnaam' of 'toenaam' aangeduid. 'Bijnamen' of 'toenamen' waren onder meer ontleend aan hun beroep, zoals de Waard, de Bakker, de Smid, de Slachter en dergelijke. Soms werden ze vernoemd naar de straat of de plek waar ze woonden, zoals bijvoorbeeld Hordijk, Hogedijk Groeneweg, Dijkman, Zuidweg, enz. of ook wel naar de gebouwen waar ze woonden, zoals van der Molen, van der Poort, van der Gracht enz., enz. In het Noorden van Nederland, en dan bedoel ik hiermede de provincies Drenthe, Groningen, Friesland en ook in grote delen van Overijssel en Noord Noord-Holland, was het niet de gewoonte om een echte familienaam te voeren. Pas in het jaar 1811, toen de Burgerlijke Stand onder invloed van Napoleon werd ingevoerd, werden alle families gedwongen een familienaam te dragen. Een aantal 'grapjassen' dachten toen dat deze 'verplichting' wel van korte duur zou zijn en verzonnen toen de meest vreemde en absurde namen, zoals Naaktgeboren, Buikmans, Pikmans, Konter, Buik, Borstrok, Haarloos, etcetera. Menigeen zal zijn voorouders daarom nog wel eens ter verantwoording willen roepen vanwege die 'grap'.

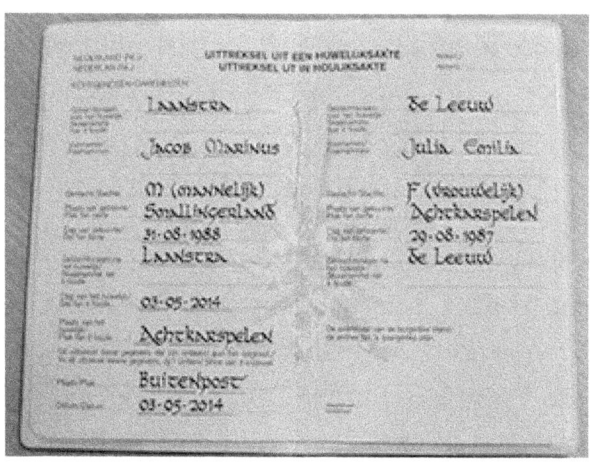

Er was ook verwarring met de huwelijksdatum. Vooral in katholieke kringen werd de datum van het kerkelijk huwelijk als geldig beschouwd, terwijl voor de burgerlijke stand alleen het eerder gesloten wettelijk burgerlijk huwelijk gold.

Het trouwboekje hielp ervoor te zorgen dat namen foutloos werden opgeschreven in officiële documenten.

Voor het trouwboekje werd vroeger ook wel de term 'boterbriefje' gebruikt. Een van de verhalen is dat men vroeger een bewijs nodig had om te bewijzen dat men ontheffing had om in de vastentijd melkproducten te gebruiken. Bezien wij het van die kant betekent het dat het

'boterbriefje' toestemming verleende aan iets wat norma-
liter gesproken niet mocht.

Een ander verhaal is dat in de Tweede Wereldoorlog in
Nederland **'boterbonnen'**, werden gebruikt om gebruik te
kunnen maken voor het verkrijgen van boter en dat men
zich diende te identificeren met een trouwboekje. Had
men in dat boekje ook kinderen staan dan kreeg men meer
boter.

De waarde van het trouwboekje

Het huwelijksboekje, ook wel 'trouwboekje' genoemd,
bevat een uittreksel uit de gemeentelijke huwelijksakte.
Er is ruimte voor kerkelijke aantekeningen en voor het registreren van eventuele kinderen. Tevens bevat het boekje
informatie over geboorteaangifte, overlijdensaangifte en
uitleg over regelgeving omtrent geslachtsnamen. Het hu-
welijks- of trouwboekje is slechts een uittreksel en is dus
geen vervanger van de geboorte- of huwelijksakte.

Hoewel het trouwboekje niet gratis is, wil toch ieder
bruidspaar wel hun eigen trouwboekje in bezit hebben.
Het boekje is dus niet verplicht, want het wettelijke bewijs van het wettelijk burgerlijk huwelijk is het door het
bruidspaar ondertekende huwelijksakte. Deze wordt bewaard in het gemeentelijk archief. Bruidsparen kunnen
dus het huwelijks- of trouwboekje zien als een aanden-
ken aan hun gesloten wettelijk burgerlijk huwelijk van
...... ?

Stap 10: Het verlaten van de trouwzaal

Plaatselijke of traditionele gebruiken spelen hierbij een grote rol met betrekking tot wie als eerste de zaal verlaat, het bruidspaar of de genodigden. Ook bepaalde culturen die momenteel in Nederland zijn ingeburgerd spelen uiteraard een grote rol. De (Buitengewoon) Ambtenaar van de Burgerlijke Stand zal dit altijd met het bruidspaar bespreken.

10. De bijzondere verbintenissen

Uiteraard wil ik niet alleen stilstaan bij de normale huwelijksceremonie, zoals hiervoor beschreven, maar uiteraard
komen er ook andere verbintenissen in beeld, die ik de
lezer niet wil onthouden, zoals :

    a. Het gratis huwelijk
    b. Het samenlevingscontract ;
    c. Het wettelijk geregistreerd partnerschap ;
    d. Het homo/lesbisch/transgender huwelijk ;

a. Het gratis huwelijk :

Elke gemeente is wettelijk verplicht om de mogelijkheid
tot kosteloos trouwen aan te bieden. Meestal wordt dan
de maandag- of dinsdagochtend aangeboden en zijn er
ook een aantal beperkingen, die het er niet gezelliger op
maken. Vaak dient het gratis trouwen plaats te vinden
van 09.00 tot 10.00 uur en is de ceremonie in een vloek
en een zucht voorbij. Soms binnen 10 tot 15 minuten.
Daarnaast mag je enkel je wettelijke getuigen, soms ook
de ouders, meenemen Er is ook geen plaats voor een
fotograaf, laat staan voor persoonlijke toespraken. Daarnaast kan het zijn dat bruidsparen niet in een elegante
zaal, maar in een apart kantoortje of aan het loket getrouwd worden.

b. Het samenlevingscontract :

Als partners een samenlevingscontract willen afsluiten zijn er een aantal zaken waarover afspraken gemaakt moeten worden, zoals bijvoorbeeld

De verdeling van alle kosten van boodschappen, kleding, woonlasten ;
De bankrekening(en) ;
De kosten voor het verzorgen en opvoeden van eventuele kinderen ;
De verdeling van alle bezittingen als men uit elkaar gaat ;
Een zogenaamde 'verblijvingsbeding': als één van de partners komt te overlijden mag men de ge- meenschappelijke bezittingen behouden ;

Partners kunnen zelf samen een 'samenlevingscontract' maken, maar beter is deze te laten opstellen door een nota- ris. Maar partners kunnen uiteraard ook kiezen om de relatie niet formeel vast te leggen in een contract.
Een notarieel samenlevingscontract zijn partners wel ver- plicht als men bijvoorbeeld een partnerpensioen wil ont- vangen. De kosten voor een notarieel samenlevingscon- tract verschilt per notaris.
Voor het afsluiten van een notarieel samenlevingscon- tract moeten partners wel aan een tweetal voorwaarden vol- doen :

Partners moeten ouder zijn dan 18 jaar (meerderjarig) ;
Partners mogen niet onder curatele staan ;

Partners die samenwonen kunnen gevolgen hebben voor
de aangiften van hun belasting, die men als partners betalen. Welke gevolgen dat zijn hangt ervan af of men fis-
cale partners van elkaar bent

c. Het wettelijk geregistreerd partnerschap :

Het geregistreerd partnerschap is een wettelijk erkende en
geregelde vorm van samenleving tussen twee personen.
De bedoeling van het 'geregistreerd partnerschap' is een
wettelijke erkenning te geven aan relaties tussen personen van hetzelfde geslacht, maar uiteraard kunnen ook
partnerschappen gesloten worden tussen man en vrouw.
Het geregistreerd partnerschap werd in Nederland ingevoerd op 1 januari 1998.
De wettlijke basis van het 'geregistreerd partnerschap' is te
vinden in de artikelen 77a en 80 a t/m 80g van het Burgerlijk Wetboek – Boek 1 (= personen- en familierecht). In

de Nederlandse Wet staat geregistreerd partnerschap vrijwel gelijk aan een wettelijk huwelijk.
Sinds 1 april 2014 worden ook de man en vrouw uit een
'geregistreerd partnerschap' ook automatisch ouder van
de kinderen, die na sluiting van geregistreerd partnerschap geboren zijn.
Een verschil met het huwelijk is nog dat bij het sluiten van
het geregistreerd partnerschap het uitspreken van het jawoord niet verplicht is. Bij partners van gelijk geslacht
moet de partner om het juridisch ouderschap te verwer-
ven de kinderen adopteren van de partner die al juridisch
ouder is – door geboorte als het een vrouw betreft ; door
erkenning of juridisch vaderschap door een eerder huwelijk als het een man betreft ; of in beide gevallen door
een eerdere adoptie. De partners kunnen gezamelijk adopteren.
Artikel 80 b van het Burgerlijk Wetboek bepaalt dat op
geregistreerd partnerschap (Titel 6 = de rechten en verplichtingen van de echtgenoten), (Titel 7 = de wettelijke
gemeenschap van goederen) en (Titel 8 = de huwelijkse
voorwaarden) van overeenkomstige toepassing zijn met
uitzondering van het omtrent 'scheiding van tafel en bed'
bepaalde.
Per 1 maart 2009 is de 'Wet bevordering voortgezet ouderschap en zorgvuldige scheiding' in werking getreden.
Sindsdien is de **'flitsscheiding'** daarom niet meer mogelijk. Een belangrijke reden voor afschaffing was dat de
'flitsscheiding' in andere landen niet werd en wordt er-
kent.
Mensen die gescheiden zijn door middel van een 'flitsscheiding, zouden zich dan in het buitenland schuldig
kunnen maken aan bigamie, indien zij in het buitenland

zouden hertrouwen. Ik dien er op te wijzen dat er ook een zogenaamd 'fiscaal partnerschap' bestaat. (voor informatie zie de 'belastingdienst')

De verschillen tussen een 'samenlevingscontract', een 'huwelijk' of 'geregistreerd partnerschap' zijn ;

\# Bij een huwelijk of geregistreerd partnerschap hebben partners een aantal rechten en verplichtingen tegenover elkaar, zoals bijvoorbeeld : onderhoudsplicht en erfrecht. Bij een samenlevingscontract heeft men deze rechten en verplichten alleen als men ze in het contract opneemt.

\# Bij een samenlevingscontract is er namijk geen sprake van een 'gemeenschap van goederen', tenzij de partners dit in het samenlevingscontract opnemen. Laat men bij een huwelijk of geregistreerd partnerschap geen huwelijksoorwaarden of partnerschapsvoorwaarden vastleggen bij een notaris, dan zijn de partners getrouwd of geregistreerd in 'gemeenschap van goederen'.
Per ingang van **1 januari 2018** is de wetellijke regeling van 'gemeenschap van goederen' aangepast.
Bij een huwelijk of 'geregistreerd partnerschap' heeft men beiden als partners automatisch ouderlijk gezag over de kinderen die zij krijgen. Bij een samenlevingscontract krijgt alleen de moeder automatisch ouderlijk gezag. De mannelijke partner dient het kind eerst te erkennen om de officiële vader te worden en kan daarna samen met de moeder het gezamenlijk gezag laten registreren. Wil de moeder niet meewerken, dan kan de man het gezamenlijk gezag aan de rechter voorleggen.

Als hij deze vraag aan de rechter wil voorleggen, dient hij een advocaat in de arm te nemen.

d. Het homo/lesbisch/(transgender) huwelijk :

Als vrouw verliefd worden op een andere vrouw of een man op een andere man kan een schokkende ervaring zijn. Ontdekken dat je gevoelens anders zijn en dit ook nog tot uiting kunnen brengen vraagt immers veel moed en door-zettingsvermogen om alsnog voor je eigen geluk te kiezen. Nog niet zo lang geleden konden homofiele en lesbische partners rekenen op economische, sociale en juridische be-lemmeringen en bovendien was de hele samenleving doordrenkt van het belang van het huwelijk en was het voor homofiele en lesbische partners heel moeilijk een eigen sociale relatievorm op te bouwen. Die gevoelens werden al gauw als provocrend en zondig gedrag toege-dicht en deed mij confronteren met een situatie van een tante van mij in het eind van de jaren veertig van de vori-ge eeuw. Ik was toen een jongen van 8 jaar oud en door mijn katholieke opvoeding niet zo op de hoogte van de problematiek van de homoseksualiteit en al helemaal niet in de situatie waarin mijn tante zich bevond.

Haar grootvader, die koetsier was, beloofde haar in zijn mooiste koets naar het het stadhuis en de kerk te rijden. Haar moeder zou een bruidsjurk met alle kleuren van de regenboog voor haar maken en haar vader zou de niet te vergeten bruiloft bekostigen. Maar toen duidelijk werd dat ze nóóit zou trouwen verstomden alle feestelijke ge-luiden. Ze was gewoon gelukkig met haar vriendin, maar dat geluk werd niet gedeeld door de manier van haar leven. Haar deel was vooral minachting, dicriminatie en anonieme verdachtmakingen. Voor haar en haar vriendin en voor alle andere vrouwen in die tijd in hun situatie geen erkenning en geen huwelijk. Ze stonden eenvoudig buiten de wet. Het beeld dat ieder meisje of jongen van zijn geboorte af voor ogen kreeg en waar jarenlang, dag in dag uit, aan geboetseerd werd viel dan ook in duigen. Met het romantische ideaal van een liefhebbende echtgenoot of echtgenote, verdween plotseling ook de sociale en economische zekerheid van het huwelijk uit het zicht.

Maar gelukkig is de tijd veranderd ging wijsheid en verstand een rol spelen en werd het inzicht veranderd en werd het Burgerlijk Wetboek aangepast en kunnen twee bruiden en twee bruidgommen de gemeentelijke trouwzaal binnen stappen.

De eerste opening was het 'geregistreerd partnerschap' voor homo's en lesbienes op 1 januari 1998.

Op 1 april 2001 werd het burgerlijk huwelijk opengesteld voor huwelijkspartners van hetzelfde geslacht.

Het homoseksueel huwelijk werd dan ook van vele kanten ondersteund en toegejuicht en werd ook nog eens bevestigd in de media, TV, radio, literatuur en reclame.

In dit boek zou ik ook willen pleiten dat de kerken het voorbeeld volgen en het isolement kunnen doorbreken. Ik weet dat dit een zwaar en pijnlijk proces zal zijn. Een gebeuren met, denk ik, vele afkeurende reacties van 'zijn' leden, waar juist steun op zijn plaats zou zijn.

Het homo-, lesbisch en (transgender) huwelijk is een huwelijk tussen twee personen van hetzelfde geslacht. Oorspronkelijk was een formeel huwelijk alleen mogelijk tussen twee peronen van verschillend geslacht, maar sinds 2001 wordt het geleidelijk in steeds meer landen het

huwelijk opengesteld voor personen van hetzelfde geslacht.

In Nederland was in 2001 het eerste land ter wereld dat
het homo- en lesbisch huwelijk bij Wet heeft bekrachtigd.
In 2003 volgde België. In de jaren daarna erkende ook
achtereenvolgens Spanje, Canada, Zuid-Afrika, Noor-
wegen, Zweden, Porugal, IJsland, Argentinië, Denemar-
ken, Groenland, Faeröer Eilanden, Brazilië, Frankrijk,
Uruguay, Nieuw-Zeeland, Luxemburg, Verenigde Staten,
Ierland, Colombia, Finland, Verenigd Koninkrijk, Malta.
Duitsland, maar ook in meerdere deelstaten van Mexico.
Daarnaast moet het homo- en lesbisch huwelijk binnen 2
jaar mogelijk worden in Taiwan en Oostenrijk als gevolg
van een uitspraak door het Taiwanese en Oostenrijkse
Hooggerechtshof in respectievelijk mei en december 2017.
Juridisch gezien bestaat er niet zoiets als het homo- of
lessbisch huwelijk. Als personen van hetzelfde geslacht
met elkaar kunnen trouwen, betekent dat de openstelling

van het wettelijk burgerlijk huwelijk voor mensen van hetzelfde geslacht. Het concept 'heterohuwelijk', dat huwelijk
werd genoemd, is dan ook geen apart juridisch concept
meer. Elk huwelijk is dan gelijkwaardig, ongeacht het
geslacht van de partners. In landen waar die openstelling
niet heeft plaatsgevonden, kunnen alleen mensen van verschillend geslacht met elkaar trouwen, ongeacht hun
seksuele voorkeur. In sommige landen is wel een partner-
schapsregistratie mogelijk, een regeling die, afhankelijk
van de betrokken wetgeving, al dan niet minder rechten
verschaft van het huwelijk.

11. De huwelijksjaren

Een wettelijk burgerlijk huwelijk sluiten bruidsparen in principe voor het leven, uiteraard natuurlijk als het goed gaat. Velen kennen natuurlijk de 'zilveren bruiloft' of 'gouden bruiloft' wel. De 'zilveren bruiloft' en de 'gouden bruiloft' worden dan ook soms uitbundig gevierd. Maar als je minder en ook als je langer getrouwd bent hebben de bruiloftsjaren ook een benaming gekregen. De gebruikelijke jaren hebben soms wel twee tot drie aanduidingen. Hieronder geef ik een overzicht van deze jaren en hun benamingen.

14 dagen : papier
1 jaar : katoen
1½ jaar : blik
2 jaar : papier, karton, leer
2½ jaar : aluminium
3 jaar : leer, tarwe
3 ½ jaar : blik
4 jaar : bloemen, fruit, was, zijde
5 jaar : hout, plastic
6 jaar : gips, ijzer, suiker
6¼ jaar : blik, tin
7 jaar : brons, koper, nikkel, wol
8 jaar : aardewerk, blik, brons
9 jaar : aardewerk, vlechtwerk
10 jaar : kristal, staal, tin, rozen
11 jaar : koraal, staal
12 jaar : linnen, zijde
12½ jaar: **koper**
13 jaar : kant, lelie, meiklokje

14 jaar : ivoor, lood
15 jaar : kristal, porselein
16 jaar : saffier
17 jaar : roos
18 jaar : turkoois
19 jaar : linnen
20 jaar : kristal, porselein, verzilverd
23 jaar : beryl
24 jaar : satijn
25 jaar : zilver

26 jaar : jade
27 jaar : mahonie
28 jaar : nikkel
29 jaar : fluweel
30 jaar : ivoor, parel, parelmoer
31 jaar : bezaanleder
35 jaar : koraal, robijn
36 jaar : mousseline
37½ jaar : aluminium, verguld zilver
38 jaar : kwik
39 jaar : crêpe
40 jaar : robijn, smaragd, doublé
41 jaar : ijzer
42 jaar : parelmoer

43 jaar : flanel
44 jaar : topaas
45 jaar : saffier, verguld zilver, vermiljoen
46 jaar : lavendel
47 jaar : kashmier
48 jaar : ametthist
49 jaar : ceder
50 jaar : **goud**

51 jaar : camelia
52 jaar : toermalijn
53 jaar : kers
54 jaar : hout
55 jaar : orchidee, smaragd, witgoud
56 jaar : lapis, lazuli
57 jaar : azalia
58 jaar : esdoorn
59 jaar : visioen
60 jaar : **diamant**
61 jaar : plataan
62 jaar : ivoor
63 jaar : lila
64 jaar : astrakan
65 jaar : **briljant**, ijzer, palissander
66 jaar : jasmijn

67 jaar : chinchilla
68 jaar : graniet
69 jaar : lork
70 jaar : **platina**, bloedkoraal, briljant
75 jaar : albast, kroonjuwelen, platina,
                 radium, rodium
80 jaar : **eiken**, plutonium

Percy (105) en Florence (100) Arrowsmith uit het Engelse Hereford traden op 1 juni 1925 in het huwelijk en vierden op 1 juni 2005 hun 80 jarig (eiken) huwelijk. Volgens het Guinness Book of Records is de verbintenis het langste bestaande huwelijk ter wereld

12. Hangsloten der Liefde

Volgens een 'legende' wordt de liefde van geliefden bezegelt door een hangslot ergens aan vast te ketenen en daarna de sleutel over je schouder in een rivier te gooien. In vele steden over de wereld zoals Rome, Parijs, Amsterdam, Moskou, Stockholm, Rotterdam en Tokyo hebben een plek als deze. Waar deze legende haar wortels heeft is onduidelijk. Zover bekend is de plaats Pécs in Hongarije de plek waar de 'legende' is begonnen.

Het is een vreemd fenomeen wat men onder andere in Rome ziet. Aan de lantaarnpalen op de PonteMilvio en aan de brug over de Tiber aan de noordkant van het oude Rome werden in vroeger tijd hangsloten bevestigd.

Eerst een paar, toen steeds meer en op een gegeven moment werden deze lantaarnpalen tot complete ijzeren bomen van hangsloten omgetoverd.

Het gemeentebestuur van Rome kwam er achter dat deze handeling in een boek beschreven stond. In dit boek 'Ik wil jou' van de Italiaanse scenerist en schrijver Frederico

Moccia, komt een passage voor waarin de held een meisje versiert door haar op de hoogte te brengen van een zeer oude Romeinse legende die wil dat serieuze geliefden een hangslot aan de derde lantaarnpaal op de Pointe Milviobrug vastklonken en het sleuteltje ervan in de Tiber wierpen.

Daarmee zou dan hun liefde bezegeld en voor altijd verzekerd zijn. Het boek werd dan ook een bestseller in Italië. De schrijver beweerde dat het een oud gebruik was, maar gaf later toe dat hij het zelf had verzonnen. Misschien had hij wel een deal gesloten met de plaatselijke ijzer- en gereedschappenhandel. Waarschijnlijk was hij in Rusland geweest, want daar kende men het gebruik ook. In het centrum van Moskou, langs de Luzhkovbrug staan verschillende hangslotbomen.

Pas getrouwden kunnen op die wijze hun liefde bezegelen. Volgens de onstane traditie zal de liefde van de pas getrouwden stellen geen gevaar lopen, zolang hun hangslot aan de 'boom' of 'brug' blijft hangen. Zo zie je overal niet alleen de hangsloten aan lantaarnpalen, maar ook aan mooie brugleuningen, zoals onder andere ook te zien is in de Lituause badplaats Klaipeda, zoals onderstaande foto laat zien.

LIEFDE & GELUK

Twee jonge mensen bouwen aan liefde en geluk,
want daar waar zoveel liefde is,
kan het geluk niet stuk.
En strakjes is ook hun woning klaar,
dan vieren zij hun bruiloft en trouwen met elkaar.
Dat er op deze wereld nog zoveel vreugde kan zijn,
je hoort zoveel ellende en van verdriet en pijn.

Maar ze hebben afgesproken in ons huis geen gezeur,
en wil de ruzie komen dan sluiten zij de deur.
Ze hebben beiden fouten, dat is toch heel gewoon,
maar dat wordt 's avonds afgezoend en dan is de lucht
weer schoon.
Daar in hun mooie huis woont liefde en geluk,
en zelfs de grootste vijand krijgt dat bij hen niet stuk

SLOTWOORD

Het schrijven van dit boek werd mij mogelijk gemaakt door mijn werk als Buitengewoon Ambtenaar van de Burgerlijke Stand en door de belangstelling van de afdeling 'Burgerlijke Zaken' van de gemeente Heemskerk en van hulp en ondersteuning van vele mensen. Ik hoop dan ook dat het het boek een gunstig onthaal vindt wat mij tot voldoening kan stemmen.

Zonder in het minst aanspraak te maken op algehele volledigheid meen ik dat het boek aan de opzet van het huwelijksgebeuren beantwoordt om zo de (Buitengewoon) Ambtenaren van de Burgerlijke Stand en vooral de aankomende ambtenaren wegwijs te maken in het doolhof van de wetgeving die daaraan verbonden is.

Indien dit boek de nodige belangstelling zal genieten, dan zal daarmee de moeite, de inspanning en de inzet ten volle zijn beloond.

Peter Joh. M. M. Zuidweg

Buitengewoon Ambtenaar van de Burgerlijke Stand

Bronnen :

Persoonlijke ervaringen ;
Vereniging Nederlandse Gemeenten ;
Nederlandse Vereniging voor Burgerzaken ;
Gemeente Heemskerk ;
Ministerie van Justitie ;
Rijksarchief Haarlem ;
Mens en Samenleving ;
Design your Wedding ;
Genootschap Onze Taal ;
Bruid & Bruidegom Magazine ;
Netwerk Notarissen ;
Koninklijke Notariële Beroepsorganisatie (KNB)
Geraadpleegde boeken :
  * Hoe hoort het eigenlijk ;
    (Reinildis van Ditshuyzen)
  * Het grote etiquetteboek ;
    (Beatrijs Ritsema)
  * Trouw-etiquette ;
    (Elisabeth Mollema)
  * Hoe hoort het eigenlijk ? ;
    (Amy Groskamp – ten Have)

De reeds verschenen boeken van
Peter Joh. M. Zuidweg

- Wetenswaardigheden over koffie, thee en cacao, 140 pag. (1978)
- Handboek voor kelner en serveerster, 635 pag. (1976)
- Serveren is dienen, 140 pag. (1980)
- Praktijkboek voor het horecabedrijf
  - Deel I : Menuleer 332 pag. (1e druk 1984/2e druk 1989)
  - Deel II: Dienstverlening 385 pag. (1e druk 1984/2e druk 1989)
- Eten in zes talen, 144 pag. (1987)
- Klein hotelvademecum, 112 pag.(1e druk 1988/2e druk 1994/3e druk 1999)
- Waarom is Uw kind hyperactief - Een Nederlandse kijk op hyperactiviteit, 198 pag.
- Het gezicht en wat het ons kan vertellen, 124 pag.
- Het Gelaat - de weg naar karakter en persoonlijkheid, 135 pag.
- Drank, Drugs en Roken - En wat wij er aan kunnen doen, 92 pag.
- Diensverlening - De kunst om met jezelf en anderen om te gaan, 96 pag.
- Gastvrijheidskunde – Gast – Gastvrijheid – Gast-heerschap - een nieuwe uitdaging, 96 pag.
- Leiding geven, 58 pag.
- De menselijke levenstrede, 230 pag.
- Het menselijk lichaamsgedrag van A tot Z , 153 pag.
- Culinair van A tot Z, 242 pag.

- De bijzondere maaltijden, 145 pag.
- De weg naar innerlijk geluk, 160 pag.
- Kerst in oorlogstijd, 69 pag.
- Eindstation Sobibor en Auschwitz, 133 pag
- De schaduw voorbij, 234 pag.
- Cryptoscopie, 46 pag.